D1483489

СЕРГЕЙ ЮРСКИЙ

ЖЕСТ

СЕРГЕЙ ЮРСКИЙ

ЖЕСТ

СТИХИ, СТИХИ, СТИХИ
И НЕМНОГО ПРОЗЫ

Вильнюс Polina 1997
Москва Полина М 1997

УДК 882
ББК 84 (2 Рос-Рус) 6
   Ю 81

Юрский С.

Ю 81   Жест: Стихи, стихи, стихи и немного прозы. – Вильнюс: Полина; М.: Полина М, 1997. – 176 с.

ISBN 5-86773-135-9

Книга представляет замечательного артиста нашего времени в неожиданной для него самого роли – роли поэта. Предлагаем зрителям тоже попробовать себя в новом амплуа – читательском.

УДК 882
ББК 84 (2 Рос-Рус) 6

ISBN 5-86773-135-9

ПРОЛОГ

Вот книжка. Я держу её в руках, и я изумлён: как оказалось на страницах, открытых любому и каждому, то, что не предназначалось ни для кого? Это даже не письма. Это гораздо интимнее. Дневник, что ли? Может быть, дневник. Но не ежедневник. Стихи возникали изредка, непредсказуемо и почти бессознательно.

Женщины, которым они посвящены, не знали о них. Почему? Потому что это не серенады. И ещё потому, что я не поэт и не "говорю стихами". Сам факт, что какое-то наше свидание зафиксировано, что я "оформил" мое впечатление от встречи, — в самом этом факте уже есть эгоизм, холодность, маленькая измена открытости. Стихи залёживались на дне дорожных сумок, среди страниц книг, в развале разных бумаг на столе. Со временем они становились опасны — что было, то было, и глазам посторонним вовсе не следует смотреть на следы ушедшего. Тогда стихи легли в самый низ шкафов, под груду неразобранного, случайного, второстепенного.

А теперь заковыристый вопросец – а чья же рука извлекла их оттуда? Да моя же, моя!

Объяснюсь: пишу и печатаюсь я уже давно, лет тридцать. Проза, статьи, эссе. Пару раз, не более, проза требовала особо строгого ритма, и появлялись белые, а иногда и рифмованные стихи. Эти строчки имели совершенно другое происхождение, чем те, что прятались от чужих глаз. Петербургский издатель Николай Якимчук взял да издал тоненькую-тоненькую книжицу “Узнавание” — название одного из моих рассказов. А книжица попала к Е. А. Евтушенко. А он взял да и вставил одно из стихотворений в свою антологию “Строфы века”. Вот так, по цепочке, меня и “призвали к ответу” — предложили издать книгу, которую я с изумлением разглядываю сейчас.

Я актёр. Привык и люблю играть других людей. Меня вовсе не привлекает использовать своё актёрское имя для книги стихов. Можно бы спрятаться за псевдонимом. Заманчивая штука — походить этак под масочкой, поглядеть украдкой, послушать — а что в действительности о тебе думают и говорят, когда полагают, что ты — это вовсе не ты? Или, вернее, я-то, конечно, я, но стихи как бы… они как бы… нет, если они вам нравятся, то ради Бога, а вот если… тогда я как бы в стороне, что ли…

Хитро! Даже слишком хитро. Нет, с хитрости начинать не будем. Во-первых, если уж решил приоткрываться, то не прячься. А во-вторых, мне толково разъяснили: некий неизвестный автор, который вдруг “захотел явить миру своё тайное”, вряд ли найдёт читателя.

А вот актёр, снявший грим… тут есть шанс.

Понял. Рискну. Приоткрываюсь.

Это мой жест — навстречу вам.

РИТМЫ
МОЛОДОСТИ

ДÓМА

пространство расчерчено рамой окна
а время не ограничено
вот так органично доходишь до дна
самого самого личного

ПЕЙЗАЖ

Зелёные заборы,
пропы́ленный репей.
Гитары переборы,
тоскливость летних дней.
Иду средь самоваров,
среди гирлянд белья,
средь молодых и старых,
средь кошек и гнилья.

Скорей, скорей на поезд,
чтоб ветер, чтобы путь.
Чтоб, жизнью беспокоясь,
всю ночь не мог уснуть,
чтоб скорость, чтобы споры,
чтоб только — пой и пей!
А за окном заборы,
пропы́ленный репей.

1958, Комарово

* * *

Глаза закрой,
Тише!
Шумит прибой,
Слышишь?
Вода мутна.
Не видно дна,
Бежит за волной волна.

У наших ног
Камнем лег
Холодный и мокрый песок.

В соснах поёт ветер,
Мы одни на свете.

Пляж пустой —
Ты да я.
Нет, постой,
Милая,
Я не во сне?
А завтра при свете
Ты будешь мне
Самой близкой на свете?
Ты не забудешь про этот ветер?

Волны песок лижут,
Море холодом дышит.

Что с тобой?
Голос мой
Тише,
Тише,
Тише.

***

Идём бесконечной аллеей
По влажной упругой траве.
Вечернее небо алеет,
Луна в ожидании млеет,
В груди вдохновение зреет,
И гений сидит в голове.

Целые годы моим жильём
были гостиницы и поезда

***

Мне странно,
Мне так это странно:
Я иду по шикарному коридору,
В руке моей дымит папироса.
Я ключом отпираю дубовую дверь.
Это я? Неужели?
Как странно.
Ведь это всё атрибуты взрослого,
Уверенного в себе человека.

Мне странно.
Мне так это странно.
Я целую замужнюю женщину,
У меня помада на подбородке.
Я провожаю её, притворяясь,
Будто я совершенно взрослый.
Будто я не стесняюсь её дочки,
Которая называет меня дядей.

1960 г.

***

Р. К.

Ваше платье бессильно повисло на стуле. Вы уснули.
Ну, спите.
Я тихонько вот здесь посижу, возле Вас, Вы хотите?
Незримые нити
Связали сегодня тебя и меня,
Непрочные нити.

Я так себя вёл, будто всё это очень обычно. Привычно.
Это маска.
Знала бы ты, как мне дорога твоя ласка.
Три на Спасской
Пробило. И вечер, и ночь, и рассвет —
Словно сказка.

* * *

Помню вечер до мелочей,
будто это имеет значение –

передёрнула зябко плечами
и ушла, позабыв перчатки.
На лестнице дети кричали,
шумно играя в прятки.

У соседей мурлыкало радио,
на перчатках следы от пудры,
я подумал: чего ради
я проснусь завтра утром?

НОЧЬЮ

Р. К.

Зрачки в покрасневших глазах плеща,
Дверь настежь — и попросила вон!
Уйду, и не надо меня стращать,
Красноглазого и некрасивого.

Уйду, моргая больными глазами,
К мёртвым и спящим троллейбусам,
Забуду тепло твоих касаний
И любовь, подобную ребусу.

Дождливою ночью холодной
Шаги одиноки и гулки.
Застыну бессмыслой колодой
В каком-нибудь переулке.

И, рваный пиджак теребя,
Под небом отчётливо синим
Я вспомню опять про тебя
И мир окрещу твоим именем.

ГОСТИНИЦА "АРМЕНИЯ"

Снова там же с тобою сидели мы вместе,
Я стихи бормотал наизусть,
И седой армянин в ресторанном оркестре
На бубне выстукивал грусть.

Клекотали пандури, звенели бутыли,
От жары и вина люди падали с ног.
Этот душный мирок мне давно опостылел –
Мир, где в блюда и в воздух добавлен чеснок.

Что мы мечемся, милая, что мы здесь ищем?
Где-то воздух, прохлада вечерней росы.
Наперчённый до одури мяса кусище
Притащил официант, нас ругая в усы.

Ты сказала опять, будто я тебе нужен.
Лучше выпьем за речку, туман и росу.
Сядь в вагон – уезжай-ка, любимая, к мужу,
Я тебя на вокзал на руках отнесу.

Снова грустный мотив – безысходный и сладкий,
Кислость вин и восточная горечь приправ.
Уезжай, уезжай! Я целую все складки
Одеяний твоих, на колени припав.

Если б был я один, то напился б до дури,
И счастливый, свободный бродил меж столов,
Подпевая волшебным напевам пандури.
Уезжай! Я молиться об этом готов.

Я б не ждал ничего – ни любви и ни мести,
Я б читал официантам стихи наизусть.
И седой армянин в ресторанном оркестре
В такт стихам бы на бубне выстукивал грусть.

В ОЖИДАНИИ ЗВОНКА, КОТОРОГО НЕ БЫЛО

Л. Г.

Через три часа нервно вздрогнет поезд.
Губы обкусав, я не успокоюсь.
Через три часа поплывут знакомо
Тихие леса и вокзальный гомон.

Захочу заснуть, мысли забастуют.
Вперюсь в темноту — гулкую, пустую.
Через три часа больше не увижу
Милые глаза — всех родней и ближе.

Крупная роса, паровозный грохот,
Через три часа будет очень плохо.

КОНЕЦ РОМАНА

М. Я.

***

Метелица, метелица
Опять метёт с утра.
Не верится, не верится,
Что ты − уже вчера.

В окне снежинки бесятся,
Зовут в пустую новь.

…Три самых холодных месяца
Морозили нашу любовь.

***

Ну-ка рядом садись, расскажи,
Как жила без меня столько месяцев,
На какие взошла этажи,
По каким поднималася лестницам?

***

Кто-то тянет, тянет душу
Сильной ласковой рукой.
Я полёт снежинок слушаю,
В грудь вливается покой.
Шум далёкой электрички,
Тропка узкая по снегу,
Я забыл твоё обличье,
Будто бы тебя и не было.

***

Я на звонки не отвечаю,
На стук не отпираю дверь.
Я был доверчивым вначале,
Я недоверчивый теперь.

***

Не верить − рано, верить − поздно.
Все ближе жизненный оскал.
И где-то в закоулках мозга
Уже рождается тоска.

***

Мы постепенно забываем
Её походку, голос, имя.
Мы постепенно зарываем
Одни минуты под другими.

***

В непроглядной жуткой темени
В острой боли морща бровь,
Обвяжу бинтами времени
Обгорелую любовь.

***

Равниною снежной,
Лыжнёй бесконечной
Ушла твоя нежность
Навечно, навечно.

***

В метели скрылись навсегда
Огни последнего вагона.
Я позабыл про поезда.
И, словно белые погоны,
Легли на плечи мне снега.

***

Стихами боли не поможешь,
А ночи дьявольски тихи.
И, распуская нервов вожжи,
Я вновь и вновь пишу стихи.

***

коньяк приятно обжигает рот
и кровь шипит и бьётся об висок
и видишь мир совсем наоборот
во всяком случае чуть-чуть наискосок

Когда мы были молодыми.
На телевидении в Свердловске с Владиславом Стржельчиком.

***

М. Я.

Сумерки, сумерки.
Все будто умерли.
То ль это явь, то ль в бреду –
Холодно, боязно.
Долго нет поезда.
Вдоль по платформе иду.

Мыслей свинец надавил на глаза –
Сумерки, жуткое время,
Некому слова сказать.
Вот пробежали олени…
Что я? Какие олени?
Бред! Это тени.
Тени деревьев прошли по земле
В пронзительном свете фар.
Прошли по платформе, по рельсам, по мне
Огромные, как кошмар.
Тени деревьев прошли в свете фар
Проехавшего грузовика.
Тьма. Дыхания белый пар.
Градусов тридцать наверняка.

Электричка стучит,
Пустая почти.
Достань письмо,
Снова прочти.
Как это там? – "Мы чужие, учти".
Учту, учтёшь, учтём, учти…
Мелькнул ещё километр пути.
Электричка стучит,
Пустая почти.

Город уж скоро. Без трёх одиннадцать.
Клочки письма улетели прочь.
Поезд в сплетение стрелок ринулся.
Кончились сумерки. Въехали в ночь.

***

Т. С.

Дело во времени, только во времени.
Снова лежу меж твоими коленями,
Снова целую скучающий рот,
Одновременно унижен и горд.

Пьем в одиночку своё наслаждение,
Дело во времени, видно, во времени.
Душу дарю тебе, имя и отчество
И получаю взамен одиночество.

Нет, невозможно сближенье, сдвоение.
Дело во времени, что ли? Во времени?
Странное время. Мы странные люди —
Мало запомним и много забудем.

Свет не включая, сидим мы в обнимку,
Близки и счастливы наполовинку.

Я одиноко тебя обнимаю.
Ты мне клянёшься в любви одиноко.
Всё понимаю. Всё понимаю!
Счастье — за счастье, око — за око.

Давай одеваться, пора расставаться.
Пора погрустить, коль не можем смеяться.

Под фонарями вьюга качается.
Два поцелуя в один не сливаются.

КИНОПРОБА

М. Д.

Диск пластинки чёрный-чёрный,
Снег в окошке белый-белый.
Ставил – нечет, вышел – чётный.
Ты мне снилась, Микаэла.

Ласки рук под сотней глаз,
Равнодушных, утомлённых,
Зрящих уж в который раз
Двух очередных влюблённых.

Но, шепча чужие нежности
В вихрь волос твоих каштановых,
Думал я о неизбежности,
Что свести должна нас заново.

Разыграв любовь по мизансценам,
Чувствовал, как вздрагивали плечи твои.
Наше чувство в полставки оценят,
Наш порыв фонарями высвечивали.
Мы, наверное, плохо играли.
Нам сказали, что нежности мало.
"Нет, не вышла любовь, – нам сказали. –
Лучше взяли бы сцену скандала".

Но, шепча чужие нежности
В вихрь волос твоих каштановых,
Думал я о неизбежности,
Что свести должна нас заново.

Надоело мне всё до оскомины.
Провожал я тебя до гостиницы.
Мы сегодня с тобой познакомились,
Завтра даль между нами раскинется.

Диск пластинки чёрный-чёрный,
Снег в окошке белый-белый.
Снова ставлю на нечётный
Ты мне снилась, Микаэла.

***

Ругали меня, не ругали,
Я рвался навстречу огню.
По неумолимой спирали
Я двигался к этому дню.

Минуя скамейки покоя
И мнимые бури озёр,
Я рвался к открытому морю.
Теперь я пред ним распростёрт.

Пугали меня, не пугали,
Боялся я сам или нет,
По неумолимой спирали
Пришёл я к скрещению бед.

***

Полусвист, полурассвет.
Шорох ног по мокрой гальке.
Нежный женский силуэт.
Шёпот моря. Клёкот чайки.

Раздвоение души
На покой и раздраженье,
На задумчивую ширь
И упрямое движенье.

Дрогнет стройная нога,
Уплотнятся очертанья.
И воздушности Дега
Перейдут в другие тайны —

Тайну тела, тайну слов,
Тайну грусти расставанья.
Пены, пены умиранье
В камнях низких берегов.

РИТМЫ
ДОРОГИ

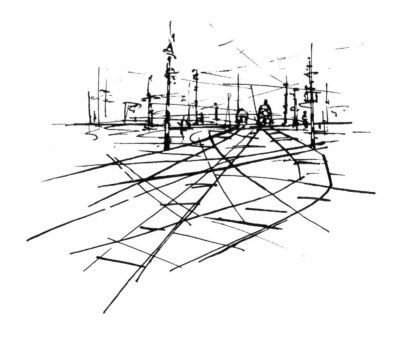

Сейчас я удивляюсь — во всех стихах дорога, да дорога. А что удивляться? В Ленинграде попросту ни на что не оставалось времени. А в дороге... в дороге другое дело. И стук колес, и ожидание в аэропортах... Подумать только — более 180 городов только в Союзе. Да не по одному разу в каждом. Конечно, дорога. И удивляться нечему.

ДАЛЬНЕЕ СЛЕДОВАНИЕ

Поезд Москва − София,
первые гастроли за рубежом

Опустелый коридор,
Золотые ручки.
Ночь темна, а поезд скор.
Мысли меня мучают.

Редки тусклые огни,
Очень редки станции.
А всё больше лес да пни
В сумасшедшем танце.

Русь корявая летит
Дробью и вприсядку.
Паровоз дурной гудит −
Дальше без оглядки!

Ветер влажен и слюняв.
За окошком грустно.
Почему-то у меня
Двойственное чувство:

Гордость, что вот, мол, достиг
Мягкого вагона,
Что не мне коров пасти,
Слушать сосен стоны.

Что, мол, вроде человек,
Вроде знаменитый,
Что, мол, вроде в голове
Мысли ладно сшиты,

Что далёк, мол, от возни,
Еду за границу...
Отчего бы, чёрт возьми,
Мне не веселиться?

А гляжу на чёрень сёл,
Злую серость станций.
Да куда ж тебя несёт?
Что с тобою станется?

Русь моя! Земля моя!
Экая неловкая!
Только крестики подряд
Скособочившись стоят,
Как полтыщи лет назад.
Только совы охают.

В ПУШКИНСКИЕ ГОРЫ

Снова вокзальная площадь Пскова.
Мороз. Семь утра. Паровозы дымятся.
Рассвет неохотный холодом скован,
И люди вокруг не живут, а снятся.

Я понял, как можно любить ожиданье.
Я знаю приметы прихода рассвета,
Я только ему назначаю свиданья,
И мне всё равно — что зима, что лето.

Разные судьбы и разные сроки,
Но всё мне мерещится наш Александр —
Скрипели полозья по той же дороге,
Душу томя бесконечным глиссандо.

В стуке подков и в разбойничьем свисте
Всё это мимо летело, летело.
Слились воедино в предчувствии истин
С русской душой африканское тело.

Поэт поднадзорный, безудержный гений,
Он мял бакенбарды замёрзшей рукою.
Ему открывалась объёмность явлений,
И не было только тепла и покоя.

Он мчался, вихрастый, навстречу могиле,
Что в ста километрах отсюда, от Пскова.
А мысли томили, а чувства манили,
А сани летели, стучали подковы.

Звеня кандалами, друзья исчезали.
Змея анонимки таилась в конверте.
Блистала Наталья в блистательном зале.
И не было смерти. И было бессмертье.

"КРАСНАЯ СТРЕЛА"

На верхней полке вы повисли.
Сосед усталый гасит свет.
Из темноты примчались мысли.
Вагон скрипит. Покоя нет.

И километр за километром,
Поднявши память на дыбы,
Верчу обратно киноленту
Моей узорчатой судьбы.

С тобою встречи... с этой... с той...
Работа, счастье, муки, пот...
А вот кусок совсем пустой,
Смотри-ка — это целый год!

Как много грустных эпизодов.
Слёз — море, радости — река.
Изжога. Не спросить ли соды —
Должна быть у проводника.

Полез рассвет сквозь щели в шторах.
Я в полумыслях, в полуснах...
Я очень часто езжу в скорых
Удобных, мягких поездах.

25 декабря 1960 г. "Человек ниоткуда"

СЮЖЕТ

Он шёл по скомканной дороге,
Давя шагами муравьев.
И были по-земному строги
Все шесть бильярдовых углов

Его судьбы. Он был спокоен,
Он был привычен ко всему.
С людьми он пережил такое,
Что легче было одному.

Он раздавил ногой лягушку –
Случайно – и, оборотясь,
Увидел раненую тушку,
Ползущую в родную грязь.

Он постоял. Тропа пустая
Вела назад, вела вперёд.
Метнулся крик вороньей стаи,
Свершавшей ближний перелёт.

И муравьи – как наважденье –
Ползли, ползли через тропу.
Ползли как жизни утвержденье,
Как сон кошмарный наяву.

Он видел вскрытье, видел сушку.
Он видел, как, черно блестя,
Они убитую лягушку
Перетащили по частям

Туда, к себе, где миллионы
Таких же тихих, как они,
Где жизни неуёмной лоно
Темнело. Странные огни

Зажглись в болоте. Холод ночи
Стал опускаться. Он стоял
И всё смотрел, как жутко прочен
Тот муравьиный идеал.

Ползли! Их путь правосторонний
Путей людских прямей, стальней.
Казались стаею вороньей,
Казались больше и черней.

Клонил траву в болото ветер.
Он трясся с головы до пят.
Лишь муравьи одни на свете
Всегда работают, не спят.

Они громадны и свободны.
Уже он слышит их шаги.
Ломился в ноздри запах рвотный,
В глазах вертелися круги.

Тащили словно для кремаций
Во всех своих шести руках
Гнилую быль цивилизаций,
Разумного бессмыслый прах.

И он шагнул с тропы в болото.
Пружиною сомкнулась грязь.
Схватила властно, мягко, плотно.
Он ждал, не каясь, не борясь.

Наутро над тропой знакомой
Летели тучи взапуски.
И миллиарды насекомых
Тащили странные куски.

22 августа 1964 г., Щелыково

***

А.Ш.

Комары, комары, перепутанный лес.
Воет пёс одноглазый на ближней плотине,
И белеет тропа, как глубокий порез,
В зелёной тяжёлой лесной паутине.

Щелыковская ночь. Звон большой тишины.
Вылезают кроты из задушенных нор.
Кроны сосен летят — в облака впряжены, —
Вырываются с корнем из тьмы на простор.

    Камнями шуршит
    В овраге река.
    И тяжесть с души
    Спадает слегка.
Я обнимаю
Лесную женщину.
Я понимаю,
Что всё изменчиво —
    Вечное, вещное,
    Терпкое, жгучее
    Мучает, мучает,
    Мучает, мучает.
Былые пожары,
Обугленный лес.
Голосом ржавым
Аукает бес.
    Ахает филин,
    Хохочет сова.
    Смятенье извилин —
    Гудит голова.
Речки излучина
Берегом скручена.
Это вот вечное,
Это вот лучшее.
    Меня обнимает
    Лесная дева.
    Она, как у Ибсена,
    Вся зелёная.
Сосны направо,
Ели налево…
Губы горячие,
Слёзы солёные.

КЕМЕРОВО

Здесь всюду уголь, уголь, уголь
В земле и в небе. Между тем
Помалу день пошёл на убыль.
Год увеличивает темп.
Здесь протекает речка Томь,
И чернотрубые заводы
Вздымают сотни тысяч тонн
Туманной гари к небосводу.
Ещё не видно желтизны
В тугих зелёно-пыльных клёнах,
Но в этих розах воспалённых
И в георгинах утомлённых
Уж нету свежести весны.

Весна ушла, не воротить.
Не будем лето торопить.

1985 г.

МЕТАЛЛИЧЕСКАЯ БАЛЛАДА

Где пустые консервные банки,
Где растут закопчённые розы,
На печальном глухом полустанке
Ночью встретились два паровоза.

Прокричали привычно приветы
И застыли в короткой стоянке.
Только розы качались от ветра
На печальном глухом полустанке.

И усталые два паровоза
Вдруг забыли про тяжесть вагонов,
Позабыли про ливни и грозы
И про жёсткие рамки перронов.

И пахнуло сквозь копоть духами,
Вспыхнул жарче сыреющий уголь,
И горячим, и страстным дыханьем
Зашептали тихонько друг другу:

"Подожди, подожди, оставайся!
Мне давно надоела дорога.
Слышишь, розы под ветром качаются?
Подожди, подожди, ради Бога!"

И усталые два паровоза
Осветили друг друга огнями.
И казались прекрасными розы,
И казались мгновения днями.

А наутро, наутро, наутро
Гарь летела и уголь чуть тлел.
Они мчались в волнении смутном
По привычной своей колее.

Двадцать строк зарифмованной прозы
Влезли в голову мне на стоянке,
Где росли закопчённые розы
И валялись консервные банки.

БРЕД № 3

С надеждою и верою
плыву по морю серому
и взмахами тяжёлыми
гребу густое олово,

и с болью исступления,
с разбитыми коленями,
с ослабшими плечами
плыву через молчание,

а там, на горизонте,
огромный яркий зонтик
колышется и дразнит
и обещает праздник.

***

Инне

Ин, Ина́, вы всё-таки ведетта!
Белый взлёт потравленных волос.
Ваша форма — быть полуодетой.
Ваш девиз — отдаться не всерьёз.

Ин, Ина́, с кем провели вы вечер?
Юр, Юра́ иль кто-нибудь другой?
Кто сейчас сжимает ваши плечи?
Завтра кто увидит вас нагой?

Ин, Ина́, а всё-таки вы прелесть.
Вас запомнить легче, чем забыть.
Вас любить — пожалуй, это ересь,
В вас влюбиться легче, чем любить.
....

Я благодарен вам за вечер,
Где было много лишних слов.
Я был касаньями отмечен,
Но не было страстей и снов.

Кто виноват? Наверно, оба.
Куда всё это заведёт?
Не знаю — ведь до крышки гроба
Вся жизнь идёт наоборот.

Но помню бешеную пену
Твоих волос в жару ночи.
Глаза, лучащие измену,
Разящие, как палачи.

И было жарко, было липко,
Был ком бессмысленных рацей.
И сумасшедшая улыбка
На опрокинутом лице.

* * *

Солнце заходит. Длинные тени
В мозг проникают, в самое темя.
Движутся, кружатся, лижутся с теми,
Что там таились долгое время.

Солнце заходит. Проснулась усталость.
И к самому себе странная жалость.
Вера, надежда – расплылись. Осталась
Любовь.

Хочется ласки – самую малость.

Солнце заходит.
Манит дорога.
Манит дыхание свежего стога –
Тишь и свобода, и воздуха много –
Весь этот мир, что лежит за порогом.

Солнце зашло,
И теней перекличка
С мраком слилась – отгорела, как спичка.
Надо увидеть милое личико…

К нежно любимой иду по привычке.

***

Юг, юг,
лето на убыль.
В потолке крюк.
Номер за рубль.
    Мысли в висок
    гирькой-подвеской,
    наискосок
    окно с занавеской.
Жалок, убог,
полон котами,
жарок, глубок
двор между нами.
    Кухня коптит,
    воздуха нету,
    в осень летит
    жаркое лето.
Крикнуть нельзя,
телефон испорчен,
тени скользят,
журчат разговорчики —
    чувственный сон
    мучает город,
    шуршанье кальсон
    по коридору.
Жизни края
изогнёт арабеской —
буду и я
за занавеской.
    Ночь, Керчь,
    воздух солон.
    Этот скетч
    исполняю соло.

КЕРЧЬ

И начинаешь привыкать
к солоноватому привкусу местной воды.
И к солнцу,
выпаривающему из тела солёный пот.
И к обилию рыбы,
просоленной морем и поварами.

Просторный край. Здесь ходят
неторопливо,
здесь есть место для жизни,
и сотни тысяч
нашли место, чтобы
умереть, —

Сперва наших,
плывших в Тамань,
тонувших,
подсаливающих море солёной кровью,
слезами обиды.

Потом немцев,
бежавших сушей,
по чужим степям,
по земле, где местами выступает соль,
в которую больно падать лицом.

Над горой Митридат
Вечный огонь.
Для памяти и для
красоты.
Это очень красиво — огонь над морем.
Под горой карусели
и танцплощадки
в цветных лампочках.

На этот берег
вышли римляне — ровесники
Иисуса Христа —
и греки,
и придумывали названия городам и горам.

Потом татары,
а потом, потом
запорожцы и русские,
и беглые, и ссыльные,
и нищие северяне разных наций.

И всё это смешалось,
солоно замесилось под солнцем,
размножилось и...
полюбило
горячую степь у прохладного моря,
и стало гордиться
своей родиной.

И я, чужак, живущий в гостинице,
замечаю эту любовь
в пренебрежительном плеваньи семечками,
в портовом мате,
в жалобах на скуку
и...
в глазах приветливых,
в говоре южном.
Я привыкаю просыпаться здесь и засыпать,
мне начинает нравиться солоноватый привкус
местной воды.

1964 г. *"Время — вперёд!" Мы снимали эту картину по
повести В. Катаева в Керчи целых два лета.*

ЛЕЙПЦИГ

*Немецким актёрам
Марте и Фридхельму Эберле*

Скользит в тумане автобан,
Туманом готика размыта.
В ушах грохочет барабан,
И ничего не позабыто:

Ни здесь, ни там. Они и мы
Забыть не в силах. Город Халле.
Сверкают факелы из тьмы,
Как тридцать лет тому сверкали.

Знамён смешенье — наших, их,
Солдаты наши, их солдаты...
И очень много молодых,
Не видевших ни сорок пятый,

Ни сорок первый, ни вообще
Ещё не видевших насилья, —
Над телом. Только! А в душе?
Что там в душе они носили?

Что нынче носят, в барабан
Стуча в железной дисциплине?
И снова гладкий автобан —
Пастельная размытость линий.

А что в душе приносим мы?
Какая разница понятий,
Хоть вроде из одной страны,
И каждый вроде друг-приятель.

Автобус, ночь. К плечу плечо.
Роднит не близость, а привычка —
Что? Где? Когда? Чего почём?
Всё непонятное — в кавычки.

Обиды камень заготовь,
На взгляд косой — скосимся вдвое!
И возникает НЕЛЮБОВЬ
И разливается рекою.

Но снова сложен чемодан,
Замок наложен на вопросы,
И бесконечный автобан
Летит бездумно под колёса.

А утром Лейпциг был в дожде.
Тысячелетние соборы
Непримиримы во вражде.
Но вот немецкие актёры...

То дождь иль слёзы — не понять,
Прощанье или обещанье?
Не объяснить, не рассказать.
"На выход, русские, с вещами!"

И здесь, и там они и мы
Забыть не в силах. Время, время!
Среди прощальной суеты
Обнимемся покрепче с теми,

Кто провожает нас теперь,
Кто теплотою завоёван.
Прощайте, Марта и Фридхельм!
Прощай — бездонно это слово.

МЕЛОДИИ

ПЕСЕНОК

Фото В. Дроздова.

В те годы телевидение воздействовало очень скромными средствами. Никаких спецэффектов еще не было. Были актеры и их настроения. "Денискины рассказы". А. Демьяненко, С. Юрский. Ленинград, 1970.

Мелодии песенок

Тогда все играли на гитарах и все пели песенки.

Шикарный номер-квартира в гостинице "Южная". В шестидесятые годы это был последний дом в Москве на пути во Внуково.

***

Где вы все, друзья-подруги?
Где вы, бойкие задиры?
Слышу матерную ругань,
Дождь стучит в окно квартиры.
    Посижу в уборной — скучно,
    двинусь в ванную — тоскливо,
    ах, ей-Богу, было б лучше
    быть мне нищим, да счастливым.
В спальню вовсе не хочу я —
там пустуют две кровати,
и не вижу я на стульях
женских платьев, женских платьев.
    Я брожу по коридору,
    я мечусь туда-обратно,
    я засну ещё не скоро.
    Я кричу — а звук, как ватный,
лишь до кухни донесётся
и замрет возле сортира.
Кто от крика здесь проснётся?
Здесь отдельная квартира.
    Две кровати словно гробы,
    словно кто-то близкий умер.
    Чтобы не было мне робко,
    я купил гитару в ГУМе.
В темноте, в пустой квартире
поздно ночью — бедный парень —
в кухне, в ванной и в сортире
я играю на гитаре.

ВСЁ ГОЛУБОЕ

Песенка лёгкого абсурда

Про что эта песня — не знаю.
Пою я её от тоски.
Я сам по субботам стираю
Свои голубые носки.

Котёнок пищит в подворотне.
На улице люди и шум.
Мне хочется быть беззаботным,
А я в учрежденьи служу.

Тощища глухая, как стенка.
А где-то далёко гроза.
Как много красивых оттенков
В твоих голубых волосах.

У берега пьяные спорят.
Белеет у дома коза.
И плещутся в пенистом море
Твои голубые глаза.

Про что эта песня — не знаю.
Пою я её от тоски.
Я сам по субботам стираю
Свои голубые носки.

НОЧНОЕ

Песенка

Ночное одиночество,
Случайные прохожие.
Без имени, без отчества,
С заплаканными рожами.
　　И тихо, и прохлада,
　　И слёзы жгут под веками.
　　Душа открыться рада,
　　Но незачем и некому.
В садах шумят берёзки,
В квартиры лезут воры.
Пустынным перекрёсткам
Мигают светофоры.
　　Кого остановить бы?
　　О чём бы рассказать бы?
　　О горестях женитьбы,
　　О радостях ли свадьбы?
Иль просто про усталость,
Про то, как раньше пелось?
Сбылась такая малость,
Так многого хотелось.
　　Но рассказать мне некому.
　　А может, и не надо,
　　И слёзы жгут под веками,
　　И тихо, и прохлада.

МРАЧНАЯ ПЕСЕНКА

Мой плот несёт на середину —
На глубину, на быстрину.
А я лежу — рукой не двину,
Усталых век не разомкну.
Мой плот ленив, неповоротлив,
Мне с ним не справиться вовек.
Мне снится чёрень подворотни,
Где скрылся чёрный человек.

    Шаг по ступеньке, шаг по ступеньке, шаг.
    С чёрного плаща свисает кушак.
    Гулкое эхо, гулкое эхо, эхо...
    От этих шагов в ушах.

Не вымораживают зимы,
Как вымораживает ложь.
Что было непереносимым,
Вдруг без труда переживёшь.
В тиши гнусаво рассмеялся,
Не поднимая жёлтых век.
По чёрной лестнице добрался
Ко мне мой чёртов человек.

    Шаг по ступеньке, шаг по ступеньке, шаг.
    С чёрного плаща свисает кушак.
    Гулкое эхо, гулкое эхо, эхо...
    От этих шагов в ушах.
    Шаг, шаг, шаг...

ЛЮБАНЬ

Песенка

З. Шарко

Возле станции Любань
Ночью плавают туманы,
А в предутреннюю рань
Очень буйная роса.
И далёкая гармонь
Сквозь большое расстоянье,
Сквозь прохладу, дрёмь и сонь
Всё выводит голоса.

Мимо станции Любань
Поезда проходят тихо.
Отдают немую дань
Этой общей тишине.
Паровоз едва дыша,
Словно старая слониха,
Проползает не спеша
Вдоль заборов и плетней.

Я во сне, как наяву,
Вижу этот мир покоя,
Где вплетается в траву
Облаков густая рвань.
Я проснулся — за окном
Шумный узел Бологое.
Я проспал давным-давно
Мою тихую Любань.

1960 г.

ВОСЕМЬ СТРОК

Песенка

Ие Саввиной

Как, изменяя, мы требуем верности,
Как, извиняя, страдаем от ревности,
Как из уюта стремимся в дорогу,
Как, уходя, забываем о многом, −

Так, изменяя, с нас требуют верности,
Так, извиняя, страдают от ревности,
Так из уюта стремятся в дорогу,
Так, уходя, забывают о многом.

1962 г.

На съёмках фильма "Чёрная чайка"
мы жили на Пицунде

***

З. Ш.

Всё остаётся позади:
Пространство — счастье, время — горе.
Я был рождён среди задир,
Во мне насмешлив самый корень.

И мне смешно переплывать
Мою судьбу — мою речушку,
Печальной свечкой оплывать,
Лить слёзы в плоскую подушку.

С улыбкой я смотрю назад,
А к цели я сижу спиною,
И если в жизни есть разлад,
То только лишь с самим собою.

Я иногда ныряю вглубь —
Меняю курс, ломаю схему
И узнаю вкус новых губ,
Меня несёт пернатый демон.

Вперёд! В пустую синеву,
Где нет конца и нет начала.
Я то ли брежу наяву,
То ль лодка жизни укачала.

Но вновь смеясь плыву назад —
Я пошутил, не будет боя,
И если в мире есть разлад,
То только лишь с самим собою.

1 сентября 1960 г., Алахадзе

Во время фильма многие выходили из зала, громко ругаясь. Когда фильм кончился, оставшиеся некоторое время не вставали с мест и сидели молча. Я с трудом поднялся и побежал к кассе брать билет на следующий сеанс на этот же фильм.

Это было в 1962 году в московском Доме литераторов. Шёл кинофестиваль, и показывали "8 1/2" Феллини. Главную роль — режиссёра Гвидо (alter ego самого Феллини) — играл Марчелло Мастроянни. Один из лучших эпизодов фильма — румба Сарагины на пустынном пляже. Сарагина — полоумная бродяжка — доброе чудище времен детства героя. Спорили о фильме отчаянно. Одни ругались, другие на него молились. Можно без преувеличения сказать, что "8 1/2" для нашего поколения было больше чем открытием новых горизонтов в искусстве — это была смена ритма, это была смена материала, из которого делается фильм или спектакль. Невнятица мыслей, собственное несовершенство, даже собственное бессилие — всё, что обычно принято прятать, оказалось глиной для изумительной скульптуры. Мой учитель Георгий Александрович Товстоногов говорил: "Ценю искусство, которое просто говорит о сложном. А когда сложно говорят, мне всегда подозрительно". Целиком соглашаясь с учителем, Феллини в разряд подозрительного я отнести никак не мог. Я написал Товстоногову письмо в стихах.

"8 1/2"

Г. А.

Допускаю, что вас не купали, как Гвидо
ребёнком в хмельном молодом вине,
допускаю охотно, что ваши обиды
серьёзней его неурядиц вдвойне,

и может быть, вы не так знамениты,
богаты, не так элегантно нервны,
талантливы более, менее сыты
и вас не мучат тревожные сны —

неважно. Вы смо́трите, смо́трите:
здесь жизни заколдованный круг,
в вихре непрерывных открытий
знакомым всё становится вдруг —

Румбу танцует Сарагина,
Берег моря, ветер, смех.
Детство улыбкой арлекина
Предрекает вам успех.

Нежность дорогой длинной
Всё же должна прийти.
Сзади восемь с половиной,
Надо прыгнуть к девяти.

Милые образы, я не любил вас,
вас заслоняла событий пыль.
Я соберу вас, что б ни случилось,
в этот девятый мучительный фильм.

Я слышал мненье, что всё это мрачно —
герой задыхается в автомобиле,
герой стреляется, героиня плачет,
и нет к тому же единства стиля.

Признайтесь, а вам никогда не хотелось
покончить с собой и со всем на свете?
Вот так и Гвидо — он ищет целость,
вокруг осколки волочит ветер.

Широкая жизнь на широком экране.
Смотрю − на простой чёрно-белой ленте −
Как душу художника мучит регламент
(по-итальянски звучит − reglamenti).

Я Вам благодарен, синьор Феллини,
за то, что Вы Мастер, за то, что Вы честны,
и мысли у Вас не похожи на линии,
и с модой потрёпанной Вы несовместны.

Я Вам благодарен, синьор Мастроянни,
Вы близки нам по вере и духу.
Сквозь Ваш пессимизм звучит созиданье,
Не слышит это лишённый слуха.

Жены интеллект, любовницы глупость,
философа чувственность, мудрость клоуна −
собрать всё это в искусства округлость,
творить, как дышать, отбросив условное.

Понять и отбросить бессилие критика,
что славит уход из искусства Рембо.
С живою душой и умом аналитика
заставить звучать цирковой тромбон.

Как в детстве, как в цирке − труба, барабан,
клоуны, праздник, румяна с мелом.
Детство флейту подносит к губам.
Все милые образы в белом, в белом.

Не надо зрачок подозрительно суживать.
Смотрите щедрее, вам станут ясны
сплетенные в фильме в чудесное кружево
явь и бред, и мечты, и сны.

Тогда вам откроется трепетно, нежно −
не в восьми, так хотя бы в одной половине −
предчувствие счастья, улыбка надежды
в прекрасном и светлом твореньи Феллини.

РИТМЫ

ОТЧАЯНИЯ

Фото Ю. Дзарданова.

 80-е годы. Р. Бредбери. "Бездна". Роль Старика. Действие происходит после атомной войны. Я играл эту роль для ТВ в острейший период моей депрессии.

Я думал, что он стукач. А он думал, что стукач я. Ведь кто-то должен был быть стукачом в нашей делегации из двух человек.

Мы быстро долетели до Праги. Нас быстро встретили и поселили в Палас-отеле на Панской улице – совсем рядом с Вацлавской площадью. Мы быстро провели встречу в Доме советской науки и культуры – очень быстро, потому что те, кто пришли на нашу встречу, очень торопились. Мы говорили коротко и неинтересно. И всё время думали, кто из нас стукач. Мы быстро поспали в отеле Палас и ранним утром выехали на чёрной машине "Шкода". Мы заехали в Страгов монастырь, где работали архивисты, и захватили весёлого старика – красивого и неряшливого. Он сказал, что он с похмелья и что его зовут профессор Владимир Браунер. Он был уверен, что мы оба стукачи.

Мы быстро доехали до крайнего севера страны – всего километров восемьдесят. В городе Гронов в школе возле костёла мы поселились в пустующем классе. Шесть кроватей стояли по три в ряд, а учебные столы были вынесены в коридор. Мы будем жить совсем на виду друг у друга. Мы толком не знали, кто из нас стукач. Двое из троих могли подумать, что это я. И, так как я привык доверять большинству, я тоже начал подумывать, что это я.

Я пошёл в туалет. Он был огромен и совершенно лишён уединения. Большой зал с кафельным полом и никаких перегородок. Три унитаза, три писсуара, три душа. Горячей воды не было. Голый профессор стоял под холодным душем и брился без зеркала. Лицо его было в мыльной пене. Профессор сказал, что он пойдёт "на пиво". Он мне как будто доложил, что он собирается делать. Он думал, видимо, что я стукач.

Я вернулся в класс. Гриша чинно сидел на кровати, положив руки на колени. На нём был чёрный костюм и синий галстук. Я тоже сел на кровать и сказал, что профессор пойдёт "на пиво". И тут же я понял, что вот я уже и стукач.

Мы с Гришей Хайченко вышли из школы и очень быстро пошли в лес. Лес был чешский — чистый, прозрачный. На полянке мы сели на пеньки и перевели дыхание. До входа наших танков в Прагу оставалось целых двенадцать дней.

Мы этого не знали. Мы не знали ещё, что мы узнаем о нашей ошибке — никто из нас стукачом не был. Стукачей хватало без нас. Мы были маленькой случайностью в большой путанице.

Мы не знали, что Алёна уже купила подсолнечное масло, на котором собиралась 20-го поджарить пирожки. Она, Алёна Моравкова, перевела на чешский язык "Мастера и Маргариту". Роман издали. С трудом, со скрипом, но издали. И приехала Елена Сергеевна — вдова и наследница рукописей Булгакова. Накрыть стол по такому случаю — дело святое. Мы ещё не знали, что 20-го будем сидеть за этим столом вместе с Еленой Сергеевной и будем есть поджаристые Алёнины пирожки. А потом Елена Сергеевна закажет такси, и мы расцелуемся и договоримся встретиться завтра же.

И она скажет таксёру название своего отеля, которое мы забудем, — то ли "Кладец", то ли "Клодезь", то ли "Колонец". Машина тронется, мы помашем ручками и пойдём пить и закусывать дальше. И будем много говорить о том, как близко Алёна живёт к аэропорту и как много самолётов летает в Прагу ночью. Вой моторов становился почти непрерывным. А перед рассветом (ранним — августовским!) всё станет настолько странно, что мы включим радио. И Алёна заплачет. Потому что по радио будут кричать дикторы: "Слышите, они ломают дверь. Они сейчас заменят нас! Запомните наши голоса! Нас подменят! Запомните наши голоса!"

И будут дни и ночи без сна. И будет стыд. И страх. Пойдём искать отель с забытым названием по городу, где не ходит никакой транспорт, кроме танков. И через три дня найдём. И, забрав Елену Сергеевну с её чемоданами, тронемся по Европе в поезде, который идёт вне расписания и без пункта назначения.

Всё будет потом, о чём, если будут желающие слушать, расскажу. Это потом. А сейчас объясню только — с 21 августа 1968 года у меня изменилось мировоззрение. Я перестал играть на гитаре и рассказывать анекдоты. И слушать песни под гитару, и слушать анекдоты я больше не хотел.

И на двадцать два года впал я в уныние. И если рождались в душе мелодии — они были унылы. Двадцать два года — целая жизнь. Только после этого тягостного срока пришло понимание, ощущение, признание, что, при любых обстоятельствах, уныние — грех!

***

Н. Т.

Глаза погасила, заострила плечи.
Себя я почувствовал хитрым и старым.
Шатнулась от слова, как от взмаха плетью –
Такие слова не бросаются даром.

Вот так и случилось в вагонном подпитьи,
В броженьи по тамбурам, в хмеля броженьи,
Не в страхе, не в дрожи, не в светлом наитьи
Я попросту сделал тебе предложенье.

Жена. И закрыты любовные тайны?
И отнята святость безгрешной измены?
И нашим свиданьям, блаженно-случайным,
Приходит обязанность жизни на смену?

"Ещё сигарету?" – Сырые панели,
Магический Таллин – "Ещё сигарету?" –
Магический Таллин. Глаза покраснели –
От плача? От счастья? От водки? От ветра?

Стонет Эстония скрипом колёсным.
Чёрень в окне – ни горы, ни оврага.
Я далеко. Вспоминается слёзно
Милая злато-кровавая Прага.

Можно любить не словами, а телом –
Глазами, руками, коленями, грудью.
Нужно любить до конца, до предела,
Чтобы пройти по земному безлюдью.

"Ещё сигарету?" Ну что ж, перекурим.
Как страшно, как страшно! Не бойся, не бойся!
Любимая, не напивайся до дури.
Ты лучше от страха мною закройся.

Ночь на исходе. Утра проклятье
Закрутит, замутит, растащит на части.
И прячемся мы в молчаливых объятьях.
От ветра? От плача? От жизни? От счастья?

Фото Б.Стукалова.

Давление властей на меня началось в 1970-ом году. Запрет на работу везде, кроме театра, — в 1975-ом году.

Это фото — накануне бегства в Москву. Ленинград, 1977 г. в нашей квартире на Московском проспекте. Тенякова в эти трудные месяцы сменила фамилию в паспорте на "Юрская". Даше 4 года.

***

я умираю
Даже если будет
ещё слепое счастье Даже если
за горло схватит новая любовь
и суета тщеславия как прежде
заставит чувствовать биенье жизни
и тело переполнится желаньем Даже если
придёт холодное предчувствие победы
вернётся безошибочность таланта
и время станет ёмким и пространство
покажется подвластным и усталость
не будет больше славить неподвижность
Даже если
я буду петь с собой наедине
и новые знакомства отвращенья
не будут вызывать а по ночам
мне будут сниться будоражащие сны
и Даже если
я снова захочу соревноваться
в уме и обаянье и остротах Даже если
я выйду победителем и после
широкою улыбкой награжу всех проигравших
всех кто малость хуже Даже если
я долго проживу под этим небом
меж этих стен
то всё равно с недавних пор я вижу
в любом явленье чёткие приметы
грядущего исчезновенья Вижу
всё разлагается Во мне Вокруг меня
далёко близко Мой проклятый нос
Я чую разложенье Всё гниёт
и Даже если я снова буду жить
я знаю твёрдо неизменно и почти
спокойно
я умираю

***

> "Привязаться ремнями. Не курить."
> Надпись в самолете на взлете

Хорошо улетать одиноко,
Хорошо не иметь провожатых.
Я сегодня лечу к Ориноко
Через Пензу, Казань и Саратов.

Мозг туманен, туманно окно.
Спит планета туманная в яме.
Ослепительно ясно одно:
"Не курить! Привязаться ремнями!"

Не курю — раз приказ, так приказ.
На желанья наложено вето.
Я со скоростью тысяча в час
Подожду неподвижно рассвета.

— Расскажите мне, бортпроводница,
Это тускло мелькнул Николаев?
Через сколько часов в Гималаях
Должен наш самолёт приземлиться?

А во сколько мы будем в Париже?
Далеко ли Саргассово море?
Стюардесса, садитесь поближе,
Поболтаем о всяческом вздоре.

Ах, вы заняты, надо трудиться?
Много нас, одиночеством сжатых?
Извините меня, проводница,
Просто я растерял провожатых.

Забери меня, небо, к себе.
Я назад не хочу возвращаться.
В предрассветной твоей синеве
Пусть останки мои распылятся.

Ты, судьба, в это бодрое утро
Пятьдесят шампиньонов взрастила —
Пятьдесят голубых парашютов —
Все спаслись! Одному не хватило.

Извини меня, первый пилот,
За мою неуместную шутку.
Мы закончим нормально полёт,
Приземлимся минутка в минутку.

Будет город, неважно какой,
Будут разные, разные годы.
Мы пойдём деловитой толпой
По указанным нам переходам.

Чтобы сбросить усталости камень,
Чтобы сердце не смело дурить,
Надо просто стянуться ремнями…
И ещё… хорошо б… "Не курить!"

***

я так распоряжусь моим достатком
всю движимость оставить неподвижно
кто будет жить здесь тот путь и сидит
на этих стульях смотрит телевизор
спит на кроватях пьёт из этих чашек
бренчит на этой вот гитаре и читает
все эти книжки
все мои бумаги
все ворохи бессмысленных рецензий
все пачки недописанных стихов
все иностранные газеты и журналы
а также все советские изданья
где в ста листах одно упоминанье
моей фамилии (зачем я их хранил?)
я завещаю всем дворовым кошкам
живущим в нашем доме пусть они
согреются в бумажных ворохах
во время зимней стужи
государству
я завещаю две запретных книги
стихи "Иосиф Бродский" вместе с ними
дописки к "Мастеру и Маргарите"
пусть заберёт их и не потревожит
владельцев будущих моей библиотеки
что ж осталось?
несколько десятков
пустых бутылок? – это можно сдать
а выручку истратить на такси
для тех кто засидится на поминках
все фотографии прошу отправить в печку
оставив два десятка их послать
Симону Маркишу из Будапешта
что остаётся
память обо мне
тебе одной на столь же краткий срок
какой была твоя любовь
прощай

В роскошной зелени кладбище утопает,
Потом потомки и его перекопают
Под огород, и будет всё в порядке.
Растёт морковь весёлая на грядке.

УТРО

Памяти отца

Я проснулся на скамейке.
Я сидел в бесшумном парке
и никак не мог припомнить,
где заснул я и когда,
было утро воскресенья,
и ещё не встало солнце,
и в прудах стояла смирно
неглубокая вода.

Позабытая тревога
осторожно повернулась
где-то слева, возле сердца.
Я сидел не шевелясь.
Я напряг глаза и память,
и, от мозга оттолкнувшись,
поплыла перед глазами
неразборчивая вязь.

Видел я, как плыло время
относительно спокойно,
и в его пустую реку
тихо падала листва.
В перепутанных деревьях
я искал свою тревогу,
я заглядывал со страхом
в потаённые места.

Знаете, как ищут зайца
на загадочной картинке:
между веток где-то уши,
а в корнях, быть может, глаз.
А деревья всё скрипели,
ветер дул, слетали листья,
было тихо и печально,
день родился и погас.

И тогда перевернул я
ту журнальную картинку,
тот загадочный рисунок,
тот тревожащий покой —
вверх теперь летели листья,
надо мною плыло время,
я пустые кроны клёнов
мог легко достать рукой.

В перевёрнутой природе
всё же нет ушей тревоги,
всё же нет причины зайца
и покоя не найти.
Только сломанные ветки,
только мертвенное время
осторожно намечали
след неясного пути.

Видно, вспять поплыло Время:
сквозь могилу и сквозь слёзы
в расступившихся деревьях
я увидел вдруг отца...
Было утро воскресенья,
в перевёрнутой природе
я искал заветный узел —
связь начала и конца.

Отец умер 8 июля 1957 г.

Еще до войны. Сочи. Юрий Сергеевич и Евгения Михайловна с сыном
Сережей. Ссылка (1935−1938 гг.) позади, и настроение отличное.

***

Прощаюсь, прощаю, прощенья прошу,
Всё заново, всё надо заново.
Тема исчерпана, я ухожу,
И ничего в этом странного
Нет.
Забыть про заслуги,
Оставить потуги,
Попытки усилием лёгкость вернуть.
Велением Бога
Другая тревога,
Неясный, но избранный путь.

Что было, то было — черта перелома.
Прощаюсь, прощаю, прощенья прошу.
Всё вижу, всё помню, ах, как всё знакомо,
И всё-таки я ухожу.

Пытаюсь душою постигнуть былое —
Теперь это можно — оно за чертой.
Наташа со мною, а всё остальное
Уже не со мной.

Предчувствую тяжесть несозданных храмов,
Страшусь обновленья — и всё же спешу
Оставить ушедшее. Милая мама...
Прощаюсь, прощаю, прощенья прошу.

Теперь надо вслушаться в новые зовы,
И вскроется заново то, что знакомо.
Меняю покровы, меняю основы.
Восьмое июля — черта перелома.

Мама умерла 8 июля 1971 г. в Ленинграде
в тот же день, что и отец, только через 14 лет.

***

в этой унылой компании
собрались интересные люди
много смеялись и всё-таки
было чувство что мы полузадушены

может быть просто оттого
что все были слишком вежливы —
ни один себе не позволил
говорить о самом себе

поэтому мы так ничего
друг о друге и не узнали

Варшава, 18 июля 1977 г.

82-ой год был для меня одним из пиков активности. На летних гастролях театра Моссовета в Риге шли сразу три моих постановки, и во всех трёх я сам играл – "Тема с вариациями" С. Алёшина, "Правда – хорошо, а счастье лучше" А. Островского и "Похороны в Калифорнии" Р. Ибрагимбекова. "Похороны" шли на сцене рижской Оперы. По жанру это был политический памфлет – фантазия антитоталитарного направления. На спектакль московского театра в престижном помещении ходила престижная публика. В том числе отдыхавшие в Юрмале на правительственных дачах большие начальники. Побывал и один из деятелей Московского Комитета партии.

Директор нашего театра пригласил меня поздно вечером к себе в номер и передал запрет играть далее пьесу Ибрагимбекова. А через несколько дней нам прислали сорок две поправки к тексту и к мизансценам.

Год борьбы за спектакль, бесконечные заплаты, которые мы покорно ставили, – всё это было впереди. Две попытки показать премьеру "Похорон" – осенью 82-го в дни смерти Брежнева и через год в дни похорон Андропова – были сочтены не случайным совпадением, а политическим выпадом. Вместе с "Самоубийцей" у Плучека и "Борисом Годуновым" у Любимова "Похороны" были запрещены окончательно. Это был последний театральный запрет советской власти.

Тогда в Риге, в августе, всё будущее предчувствовалось, и настроение было скверное. Многие бывшие поклонники спектакля отхлынули. Руководство театра стало холодно-нейтральным. Но были и верные борцы, те, кто не изменили. Прежде всего Г.С. Жженов – исполнитель одной из главных ролей. И был Володя Шурупов, отлично игравший роль Шерифа.

Шурупов – актёр, поэт и неисправимый романтик. Он прожил очень нелёгкую жизнь и был уже немолод, но постоянно находился в состоянии восхищения – природой, родной деревней, женой, театром, друзьями... нашей премьерой, наконец. Грозная критика шла преимущественно в мой адрес, но Володя всей душой хотел разделить со мной и тяготы, и борьбу. Из Риги я возвращался домой на машине. Володя сказал – я поеду с тобой пассажиром, одного тебя не отпущу.

И мы сделали с ним эти 1000 километров до Москвы – с остановками, с разговорами, молчанием, душевным сближением. Могу сказать – мы породнились тогда.

И теперь, когда Володи давно уже нет в живых, могу только удивляться – почему я не показал ему это стихотворение, ему посвященное, отразившее наши общие мысли во время путешествия?

***

Володе Шурупову

Дорога, что катилась подо мною ещё вчера,
по-прежнему пуста. Единый лес
разрезан ею на две тёмных части.
По-прежнему смеркается. На листьях
набухли крупно шарики росы.
На двести тридцать первом километре,
в том месте, где Володька отливал
в Великих Луках выпитое пиво,
по-прежнему валяется бутылка
без донышка, и сквозь неё бегут
две нити муравьёв — туда-обратно.
Серый холст асфальта
прошит стежками чёрных муравьёв.
День остывает. Августовский лес
покашливает и дымит туманом,
кряхтит, отхаркивая смачно на дорогу
комки лягушек. Тёплая поверхность
вся движется — лягушки, муравьи...
Вот ёж перебегает
равнину двухполосного шоссе —
из леса в лес. Живые существа
зашить пытаются мучительный разрез
единого массива. Собою, множеством своим
заштопать пустоту... порез... пробор... прогалину... просёлок,
восстановить единство. Паутина
качается на ветках — дотянуться! Связаться! Зацепиться! Затянуть,
сдавить пораненное место, сжать дорогу,
обузить — до тропы, потом до тропки...
А после, когда тело зарастёт,
швы можно снять. На обновлённой коже
пойдёт трава... грибы... кусты... деревья...
единство воцарится. Лишь тогда
вернётся полнота дыханья, звука,
обертона начальной тишины —
высокой, вечной, тысячеголосной.

Дорога, что катилась подо мною ещё вчера,
по-прежнему пуста. И мы с Володькой
по-прежнему стоим   в недоуменьи —
вширь — между двух лесов,

в длину — меж двух её концов,
на пуповине страшного креста:
две перекладины — одна, гигантская,
проведена природой,
другая, тоненькая, перпендикулярно
пробита человеком — вот и крест.
И смысл его — извечная попытка
перечеркнуть
всё, что до нас существовало.
На двести тридцать первом
унылом километре мы стоим
по-прежнему. И всё ещё вчерашний
спокойный вечер тянется к ночи.

6 октября 1982 г.

Сцена из "Похорон в Калифорнии". Справа — Шериф — В. Шурупов.

Хорошо репетировать и играть и вообще иметь дело с таким человеком, как Г.С. Жженов. Репетиция "Похорон в Калифорнии", 1982 г.

Мрачными мы становились позже — в семидесятые. А в шестидесятые умели хохотать от всей души. Да, тогда мы умели быть гусарами. В роли князя Никиты я в фильме "Крепостная актриса". Режиссер Р.Тихомиров. 1963 г. Кадр из фильма.

ПРИБАЛТИКА

Вечером на пляже в Майори сидел старик.
Прямо на песке. Становилось холодно.
А он всё сидел и перебирал песок.
Дело было в августе этого года.
8.11.82

Я не забуду этот день.
Я буду помнить эти лица,
беседы шумной нескладень...
Вот солнце медленно садится,
блестит веранды многогрань.
Пузатый чайник круг почёта
свершает над столом. О чём там —
в углу, вдавясь в дивана дрань,
смеясь до слёз, полуобнявшись —
болтают? Ну а здесь о чём?
Вдруг весело, легко, поняв жизнь,
никто ничем не огорчён.
Струну гитарную задень —
дан тон — и слились в общем хоре.
Стук электрички. Шёпот моря.
Я не забуду этот день!

Ты не забудешь этот миг?
Ты так надеешься на память?
Ты можешь память вмять в дневник,
и всё же будущего замять
покроет траурной пыльцой
всё, что мерещилось нетленным.
Жизнь даст тебе под зад коленом,
и затрусишь ты вбок рысцой.
Тебя забудут. День придёт —
забудут всё, что ты запомнил,
сольют всё то, чем ты наполнен,
в канаву общих нечистот.
Мир мал, нас много. Память — пена.
Накатывает новый вал.
Ты сам забудешь постепенно,
в чём клялся и к чему взывал.

Он всё со временем забудет.
В неволе обретёт покой.
Не воспоёт и не осудит
пришедших. Старческой рукой
песка хватает бестелесность,
ища тепла. Но ночь близка.
Уходят в темень он... и местность...
и холод пляжного песка.

ПОДРАЖАНИЕ В ВОСТОЧНОМ ВКУСЕ

Чем дальше годы, тем теснее круг,
Тем меньше вижу близких лиц вокруг.
Не потому, что меньше стало лиц,
А потому, что меньше стало близких.
Содружество распалось, братства нет.
Моё пространство — этот кабинет.
Я пью глазами тишину страниц.
Листаю устаревшие записки.
Всё уплывёт в бездонный водоём,
И скоро мы останемся вдвоём.
Судьбу благодарю — вдвоём с тобою
Я чувствую себя обласканным судьбою.

Прими мою любовь, моё благодаренье.
Ты счастье даришь мне, покой и вдохновенье.

БЕЗ НАЗВАНИЯ

Всё начнётся потом,
когда кончится это
бесконечное душное, жаркое лето.

Мы надеемся, ждём, мы мечтаем о том,
чтоб скорее пришло
то, что будет потом.

Нет, пока настоящее не начиналось.
Может, в детстве…
        ну в юности… самую малость…

Может, были минуты… часы… ну, недели…
Настоящее будет потом!
        А на деле

На сегодня, на завтра и на́ год вперёд
столько необходимо-ненужных забот,
столько мелкой работы, которая тоже
никому не нужна.
        Нам она не дороже,

чем сиденье за чуждым и скучным столом,
чем свеченье чужих городов под крылом.
Не по мерке пространство и время кроя,
самолёт нас уносит в чужие края.

А когда мы вернёмся домой, неужели
не заметим, что близкие все почужели?
Я и сам почужел.
Мне ведь даже неважно,
что шагаю в костюме неважно отглаженном,
что ботинки не чищены, смято лицо,
и все встречные будто покрыты пыльцой.
Это не земляки, а прохожие люди,
это всё к настоящему только прелюдия.

Настоящее будет потом. Вот пройдёт
этот суетный мелочный маятный год,
и мы выйдем на волю из мучившей клети.
Вот окончится только тысячелетье…

Ну, потерпим, потрудимся,
близко уже...
В нашей несуществующей сонной душе
всё застывшее всхлипнет и с криком проснётся.
Вот окончится жизнь... и тогда уж начнётся.

Баку, 1977 г.

КАСПИЙСКИЙ

БЕРЕГ

Баку. С Ю. Гусманом.

Почти 10 лет я был невыездным. Я привык к этому и вполне удовлетворялся съёмками на студии Азербайджанфильм и отдыхом с семьёй под Баку на каспийском побережье. Это и вправду было славно. Такой широкий пляж. Такой песок. Такое тёплое море. На пляже царит остроумие тогда ещё молодого Юлика Гусмана. Изредка являются в окружении родных и свиты братья Ибрагимбековы, полные заметных свершений и тайных замыслов. Сидя по-турецки на раскалённом песке, мы играем в шахматы с профессором политэкономии Письманом, и он говорит: "Это что, ты вон с тем мальчиком сыграй — видишь, сидит с Лёней, я тебе говорю точно — Гаррик Каспаров будет чемпионом мира".

Все центральные киностудии страны оказались для меня закрыты. Запрет исходил из Ленинграда, но касался и Москвы, и Киева, и Свердловска... А вот Баку... Баку — это отдельное национальное кино. И оригинал фильма выходит на азербайджанском языке. Сюда всевидящее око не добралось. Здесь меня и пригрели. Я снялся в трёх фильмах и ещё сыграл несколько эпизодов. Странное было название у первого фильма — "Дервиш взрывает Париж". Это классическая пьеса XIX века азербайджанского просветителя Мирзы Фатали Ахундова. Я играл главную роль — месьё Жордана... Половина роли шла на французском, а вторую половину я с помощью моего друга и коллеги Гассана Турабова озвучил по-азербайджански.

В Ленинграде я продолжал играть старые спектакли у Товстоногова. Играл довольно много. И когда начался сезон, пришлось летать по три-четыре раза в неделю, чтобы закончить картину. Самолёты тогда ещё были медленные. Рейс Баку – Ленинград ночной. Самолёт шёл с посадкой шесть часов. Прилетал в Питер утром. Вечером играл спектакль и снова в аэропорт. Но была молодость, всё это казалось даже привлекательным, и усталости не было.

Тогда началась моя большая дружба с совершенно особенным человеком – Игорем Плавским. Он был довольно крупным партийным функционером, но при этом образованным, широко мыслящим и вольнолюбивым человеком. С ним было интересно и весело. У него жена и дочь, у меня жена и дочь. Все вместе мы провели два замечательных лета. В Ленинграде давление властей на меня усиливалось. Вместе с Н. Теняковой мы пытались бежать в Москву. Нас не выпускали. Всё становилось опасным, даже домашние разговоры. А здесь, с Плавским и его женой Милей, – такая раскованность, такая свобода. Спасибо тебе, Баку! Ты спас меня тогда, Баку.

А вот Игоря Плавского – истинного бакинца, влюблённого в город, ты не сумел сохранить. Игорь впоследствии стал прокурором Нагорного Карабаха и погиб в вертолёте, сбитом неизвестно кем во время военных действий.

Да, самые круто-застойные годы в стране и в моей жизни связаны в памяти с горячим каспийским солнцем.

***

Баку мой небритый,
Мой золотозубый,
Аллахом забытый,
Христом не приятый...

***

Воспоминанье: хлипкая сторожка,
Прозрачные глаза седого старца.
В корзины наши он кладёт от сердца —
Сколь попросили и ещё немножко —
Тугие пузыри большого перца,
И солнце жарит, словно лампа кварца.

***

Арбуз и красен, и мясист.
На тое пляшет вся деревня.
Уже слетает жёлтый лист
С несуществующих деревьев.

***

Душа полна, не надо новостей.
Я ничего здесь не хочу запомнить.
Ни взгляды женщин южных всех мастей,
Ни улиц жар, ни роскошь этих комнат,

Всё новое заранее изжито.
Душа полна, не надо новостей.
Старею для гостиничного быта,
Старею для ворованных страстей.

Играют в нарды — слышен стук костей.
Играют в труд. Играются в искусство.
Душа полна, не надо новостей.
Всё выпито — давно в бутылке пусто.

Довольно игр. Не надо больше тостов.
Простим хозяев, извиним гостей.
Привет, друзья! До самого погоста
Душа полна, не надо новостей.

НОЧНОЙ ЗВОНОК

Дренькнул телефон.
Спросили, я ли это?
Сказал, что да.
Заволновался женский голос
Совсем стороннею неженскою заботой.
Заволновался — правда ли, что есть на свете правда?
Заволновался — есть ли справедливость?
И выразима ли она через искусство?
А я был погружён в свою усталость,
В попытку рассмешить себя халтурой
(снимался в неразборчивом кино),
В желанье богатеть на лицедействе,
И мне хотелось спать, а дело было
В Баку, и было очень душно,
Хотя к полуночи катилось время-вахт.
Она просила встречи — не свиданья,
И не наедине — в большой компаньи
Её друзей, которых
Она любила, видимо; которым,
Наверно, верила и всей душой хотела,
Чтоб я — заезжий либерал и демократ —
На встрече этой поддержал их веру.
А я...
Я так давно устал
От демократии, от вер, либерализма.
Отнекивался я — мол, занят, ну никак, ну не могу...
А женский голос волновался в трубке —
И так не за себя, так бескорыстно
И робко вновь спросил, да я ли это?
А я и сам спросил себя — да это я ли?
Так душно было в тот июньский вечер,
Что я не знаю, это пот иль стыд
Обжёг моё лицо волной горячей.
Я так устал и так давно мечтал
Бессмысленно и долго отсыпаться,
Что жалко случая упущенного, но...
Не сплю и слушаю растущие скандалы
В соседних номерах и пью вино сухое,
Скисающее с каждой рюмкой — очень жарко.
Кислей, кислей... На дне бутылки
Почти что уксус.

***

Опять весна. Я всё шатаюсь
По расшатавшейся стране.
Я прежних призраков пугаюсь.
Смелей грешу. Спокойней каюсь.
И море по колено мне.

Пиркули

ДВА МОТИВА

Восточные частушки

Отбывая в город Кахи, натянул я брюки хаки,
Взял две новые рубахи и слегка подрезал баки.

Развалившись в фаэтоне, я опёрся на мутаки.
С места рысью взяли кони, вслед залаяли собаки.
Под восточные напевы, выводимые возницей,
Я разглядывал посевы и носатейшие лица —

Нос кривой, как знак вопроса, а пространство кроме носа
Всё — щетина покрывала, как верблюжье одеяло.

Опершися на мутаки, я сижу, как иностранец.
С гор, краснея, машут маки, и синеет неба глянец.
Дышим табаком долин, мчим овечьей крутизною.
Мир прожаренный, как блин, и слегка кипящий в зное.

Я, открывши рот, не смею выжать ни хвалы, ни стона,
И глотает пыль и мили рот открытый фаэтона.

Там, на горке, будут съёмки. Что ж я так перетрухал?
Будет создан образ ёмкий. Ну, а в целом будет хал-
тура низшего разряда. Переступим без труда
Через стыд — и будем рады, будем рады, господа!

Нас к экрану допустили, нас увидит весь народ!
Мы в большом порядке, или... или всё наоборот:

Я очнулся — нету милей, путь уложен в километры.
Мчимся степью, рядом Миля, и трещит башка от ветра.
Вместо фаэтона РАФик, за рулём Гасид-шофёр.
Мысль такая — братцы, на фиг в эти Кахи я попёр?

Вовсе я не иностранец и сижу не средь мутак.
Я обычный наш засранец, неврастеник и мудак.

Мы подвижные подонки, мы молекулы распада.
И культуры слоем тонким прикрываем сущность гада.
Как удобно: точно знать — мы в плену у обстоятельств.
Нами управляет знать, мы живём за счёт приятельств.

Мы улыбчивою сворой окружаем пышный стол.
Нашей сварой, нашей ссорой забавляется престол.

Нашего стригут собрата? — Помогаем стричь его!
Это воля аппарата! Что ж мы можем? — Ничего!
Как приятно точно знать, что мы ничего не можем.
Будем петь и танцевать и растить жирок под кожей.

Начинаются сезоны, ставим пьесы с бородой.
— Не ходите по газонам! Мойте руки пред едой!

Нас начальники поили,
Ой, да с ними пили мы!
Хороши лишь те, кто в силе.
И про них все фи-и-льмы!

Ничего! Ничего!
Вдвое увеличь его!
Вот большое НИЧЕГО,
Как говно коричнево!

Мы приспешники нагайки.
Гайки сорваны с резьбы.
Хоть с резьбы сорвались гайки,
Сор не носим из избы.

Что ж мы, братцы, сделать можем?
Мало нас, всё уже круг.
Нам не истина дороже,
Нам милей Расимов-друг!

Э-эх! Натягивает вожжи!
Мы же гримом мажем рожи.
Ничего пока не можем.
Может, после, может, позже.

Извращаем сущность света
Сквозь стекло фальшивых призм.
Братцы, братцы, что же это?
Это тота-лита-ризм!

Ничего! Ничего!
Вдвое увеличь его!
Вот большое НИЧЕГО,
Как говно коричнево.

От Таймыра и до Кушки
Для селян и горожан
Мы пропели вам частушки,
А теперь — в Азербайджан!

В Кахи прибыли под вечер. Были съёмки, было пьянство.
Окружало наши встречи гор немое постоянство.
Был шашлык. Была долма. Тень сползала по холмам.
Было дружно, было вкусно. Только почему-то грустно.

Почему-то, почему-то…
Всем известно — почему.
Небо мутно, сердце смутно.
Солнце село, входим в тьму.

И к тому же город Кахи оказался — город Гах!
Вновь тревога, снова страхи. Не туда заехал…
Ва-ах!

Фото Ю. Роста.

Этот зал с барельефами великих на стенах — знаменитый Дом Актера на Пушкинской площади. Здесь много видано и много сыграно. Этот дом сгорел. Теперь он еще краше. Но актеры там уже не бывают. Там что-то совсем другое. Может быть, даже прекрасное. Но вот этого зала с барельефами и с тем духом свободы в несвободной стране — этого точно уже никогда не будет.

Фото Ю. Роста.

РАЗГОВОРЫ
Бакинский праздничный вечер

– Поздравь его – его переизбрали,
а ведь могли на этот раз… Вагиф
рассказывал – мы вместе “Волги” брали.
– Как проживёшь, других не обдурив?
    – Клянусь, я рад от сердца! Нет, вообще-то
    Расим – скажи – порядочней других?!
    Ведь это он помог Фуату, точно это…
    – Фу-у, жарко в комнате! – Наверно ветер стих.
– Да, кстати, видели на башне в воскресенье –
Плюс двадцать семь, а было тридцать пять!
– А-а! Врут они всегда. – Ты был у Сени?
Он же просил тот гарнитур забрать.
    – Я твою маму… обещал, так сделай!
    – Семь раз отмерь… – Зарезал без ножа!
    – Диллара мне сказала… знаешь Деллу?
    – А-а, что шуметь! У Сени что, пожар?
– Брось шутки! Не пожар, а наводненье.
Его утопишь – сам пойдёшь ко дну.
– Ну, ладно, хватит! В среду день рожденья
Лила-ханум. Хоть для неё одну
    подписку сделай: может, Достоевский
    или там мифы-шмифы в двух томах…
    – Говна покушай! В Ленинград на Невский
    езжай в Дом книги – стой в очередях.
(Тут общий смех. Несут блюда. Куда бы
поставить их – нет места на столе.)
– За Тофика! (Несут горой кутабы[1].)
– Чок сагол![2] (Блещет водка в хрустале.)
    – Мне надо сына поступить во МГИМО.
    – Что ждёшь? Звони в Москву Барабаку…
    – Обижен он. Сказал, моей ноги, мол,
    не будет в вашем засранном Баку…
– Она болела жутко… Из Тбилиси
приехал брат отца – он цеховик…
– Отдай ты бабки этой… дёрганой Ларисе.
– Фикрет в порядке – не было улик.
    – Заира с мужем съездила в Лаос…
    – Мы с братом в Закаталах строим дачу…

---

[1]Кутабы – азербайджанское блюдо.
[2]Чок сагол – здравица (азерб.).

— Билет в Ростов? — Зайди, решим вопрос.
— Борис Максимыч ставит нам задачу
улучшить всё, что можно, к ноябрю.
— Практически тут нет альтернативы...
— Будем считать, что это директивы.
— Я слово в слово это говорю!
     — Я из Москвы приехал с семинара,
     там есть цековский санаторий Истра —
     поговорил с людьми там... тары-бары...
     — АРИФ ДЖАНГИРОВ БУДЕТ ЗАММИНИСТРА.
(Тут пауза. Луна глядит в окно,
чуть серебря в углу российскую икону.
Хозяин побледнел, как полотно,
встал, пошатнулся и пошёл к балкону.)
     — Ариф был в Африке — там что-то от ЮНЕСКО,
     — Оттуда он ушел давно и быстро.
     (Рука хозяина хватает занавеску.)
     — АРИФ ДЖАНГИРОВ БУДЕТ ЗАММИНИСТРА.
— Теперь с Гянджи попрутся караваном...
вина потащат полные канистры!
(Хозяин отпивает полстакана.)
АРИФ ДЖАНГИРОВ БУДЕТ ЗАММИНИСТРА.
     — Ну как крутиться в этой жизни б...ской?
     Ты про Арифа точно знаешь, сто процентов?
     — Так точно, как что в долларе сто центов.
     Как мне не знать — я сам кировобадский!
(Хозяин почернел и слился с темью.
Приносят фрукты, смачно вскрыт арбуз.)
— Я думал, он давно в другой системе.
Теперь и дочка не поступит в ВУЗ.
     — Ну, по последней! Пьём, и по машинам.
     (Объятия, прощание в прихожей.)
     (На лестнице.) — Ну, наш хозяин тоже...
     ко всем подходит со своим аршином...
Ревут моторы — с места и на сто
по узким коридорам переулков.
А в комнате объедков полон стол.
Часы стучат размеренно и гулко.
     Жена таскает грязи вороха,
     Горит окно доносчика-соседа.
     Для хаша в миске киснут потроха.
     Окончена вечерняя беседа

РИТМЫ

ЧУЖБИНЫ

Джорджо Стрелер, 1992 г.
Милан. 40-летие прекрасного театра Стрелера.

Ну, представьте, если сможете, − 10 лет "невыездной", исключение − неделя в Варне на съёмках фильма. И вдруг… договор с Японией на постановку спектакля. Я повторяю мою версию пьесы С. Алёшина "Тема с вариациями", сделанную для Р. Плятта и М. Тереховой в Театре имени Моссовета. Я делаю спектакль в Токио с замечательными японскими актёрами. Я абсолютно один за границей. Меня никто не одёргивает и не предупреждает. Я работаю запойно. Мы начинаем в Новый год и уже 23 января делаем первый полный прогон. 3 февраля 1986 года в театре Хаюдза состоялась премьера. Мы праздновали её в ресторанчике рядом с театром. Я шёл к себе в гостиницу по ночному зимнему Токио и… признаюсь… плакал навзрыд. Оттого, что всё было, кажется, хорошо и всё кончилось. Всё ушло безвозвратно. Так мне тогда казалось. Мой выезд за рубеж, месяц полной свободы казались мне случайностью.

Когда я вернулся в Союз, все худшие опасения подтвердились. 86-й год. Перестройка уже набухала, но ощутить её было невозможно.

Я вернулся в мой город немой,
Полный разных отсутствий,
Безнадёжно пустой в многолюдстве,
Исцарапанный колкой зимой.

Квазимодо с обиженным сердцем,
С мутноватой аортой реки,
Город, запертый на крюки,
Где заказано быть иноверцем.

А потом ворота открылись, и поехали все кому не лень туда-обратно.

В октябре 1990 года великолепный Джорджо Стрелер пригласил Аллу Покровскую, Толю Смелянского и меня к себе в Милан на конференцию по театральному образованию.

В то же время великолепный стоматолог Наталья Сальникова обнаружила у меня пародонтоз и предложила сделать операцию немедленно.

Операция требовала двух недель. В Милан звали всего на неделю.

Надо было выбирать!

Я заглянул в словари.

ПАРОДОНТОЗ – прогрессирующее рассасывание костной ткани зубных луночек, сопровождающееся расшатыванием и последующим выпадением зубов.

МИЛАН – крупнейший промышленный и культурный центр северной Италии, столица Ломбардии. Связан прямым авиационным и железнодорожным сообщением со многими столицами мира.

Я выбрал Милан.

КОНФЕРЕНЦИЯ В МИЛАНЕ

Растёр немеющие длани,
Спиртного взял немало доз.
Печально осенью в Милане:
Пора дождей, пародонтоз.

Всё неприступнее и строже
Дома, увитые плющом.
Назавтра все дела отложим
И двинем, скрывшись под плащом

Не в направлении чего-то,
А удаляясь. Он чего?
От дома, от Аэрофлота,
От этой жизни кочевой,

От "обещающих контактов",
Тусовки пожилых людей,
Начал, концов, антрактов, актов,
Улыбок, адресов, идей.

От всей бесплодности искусства,
От всей бессмысленности слов,
От самого себя, от снов,
От тишины тысячеустой.

Бог подал бы, но мы не просим.
Молчу… Пусть будет, как вначале –
Милан, дожди, глухая осень.
Пародонтоз. Пора печали.

***

Пока ты пела, осень наступила,
Лучина печку растопила.
Пока ты пела и летала,
Похолодало.

Иосиф Бродский. Муха

Здесь, в Милане
распутываю
гениально скомканный моток
золотой нити
маленькой поэмы Бродского.
в этом плане
очень редко впрыгиваю в поток
(вы уж извините —
результат воспитания уродского:
как бы ни был к общению готов,
но обилие собственных мыслей,
а также корневое подробное незнание языков —
всё говоришь — вот бы пожить за границей годок,
но проходят годы, и пожил повсюду, кроме Греции —
кажется, о ней сейчас именно говорят,
об этой самой Греции,
впрочем, говорят обо всём подряд)…
короче, очень редко впрыгиваю в поток
нашей театрально-педагогической конференции.

Миланский собор потрясает, а мысли упрямы.

Там, далеко, на Востоке,
в моей стране,
где в апреле восемьдесят пятого
отменили волюнтаризм,
отменили волево, резко и даже, пожалуй,
немного волюнтаристски,
а потом, уже без приказа,
как-то сам собой, и не без оснований,
развился ВАЛЮТАризм —
искренняя и горячая любовь моих соотечественников
к портретам королей, президентов, поэтов, учёных,
изданных большими тиражами
на прямоугольных листках с водяными знаками,
короче,

моя страна
полюбила чужие деньги,
и, как всегда (любить, так любить!),
полюбила безоглядно, до конца,
позабыв прежние привязанности,
полюбила нерасчётливо, всей душой,
ничего не желая для себя,
а просто так — бескорыстно
сжигая себя в этой любви.

Сыновья моей страны
запели серенады под чужими окнами
на чужих языках
с акцентом и даже почти без —
это были странные, негордые песни:
они пели о своём нищенстве,
о своей жестокости,
о безжалостности своей...
окна открылись, высунулись чужие лица,
с чужими носами,
с чужими блестящими волосами
и — чужими жестами — стали бросать валюту,
и вещи... и мебель,
и сложную счётную технику почти последнего поколения,
и даже, временами, продукты,
но с продуктами хуже, потому что
помидор, например, очень трудно поймать, не раздавив его,
а если раздавишь,
то брызгает, брызгает...
и пятна, пятна на одежде,
и тогда поём о своём неряшестве,
а из окон бросают моющие средства.

Дочери моей страны
стали печальны и раздражительны,
иногда, что для них совсем уж невероятно,
они перестали быть терпеливыми,
выходят на улицы
с многословными труднопонимаемыми требованиями,
криво изложенными на скверной бумаге.

Литовцы моей страны
сильно хлопнули дверью, забыв,
что двери нет, что она не была даже

предусмотрена проектом,
стали быстро (и даже успешно!) строить дверь,
которой уже хлопнули,
и пристраивать к ней стены —
решили жить в отдельной квартире
со своим входом, а главное, выходом —
и это правильно! И это возможно! Но...
некоторые проблемы пока остаются,
потому что туалет всё ещё общий.

Латыши моей страны
позвонили по телефону
эстонцам моей страны
и договорились выучить языки друг друга, а пока
говорить по-шведски,
но, так как было плохо слышно и приходилось кричать,
то перешли на русский, почти привычный —
и так расстроились,
что побросали трубки.

Евреи моей страны
перестали притворяться, что они как все,
перестали скрывать,
что они умнее любого и каждого,
даже Тамошнего, тем более Тутошнего,
даже Аида, тем более Гоя,
и поехали, поехали
наконец-то без страха, уже с песнями,
уже не через щёлочку микроскопического гетто Вены,
а по всем маршрутам
крупнейших аэропортов —
поехали, поехали
с орехами, с прорехами,
а евреи моей страны, давно уже живущие Там,
совсем Там,
поехали назад, домой, в мою страну —
издавать книги, читать стихи — на родном,
на русском,
поехали только на минутку —
издать, почитать —
и обратно,
и тоже с песнями.
Армяне моей страны...
но об этом лучше не...

там у них, когда было землетрясе…
а потом в Баку…
…я жил в этом городе и знал многих…
Азербайджанцы моей… якуты… страны…
старушки… …
… … моей стра… … шно… подумать, что…
собачки и кошечки старушек моей… … …
Цены. Цены!.. продукты, продукты…
конечно, можно… …но ведь одиночество… … …
толпы на вокзалах огромной моей…
…стра… дающие беженцы, бегущие отовсюду…

Убийцы моей страны
снизили цены на услуги, потому что
единственное, что подешевело, − это
человеческая жизнь.
Когда-то, довольно давно, один поэт моей страны
сочинил песенку: "Это всем моим друзьям
строят кабинеты", − он шутил, конечно, этот печальный поэт,
а они, друзья, всерьёз, и, когда моя страна перевернулась −
с грохотом, как железный ящик с ржавыми гвоздями,
застучали неумелые молотки, и один за другим
вышли друзья поэта в секретари, в депутаты, в учредители…
и ещё многие закричали: "Мы тоже, мы тоже его друзья…
и нам, и нам по кабинету!"

Прохожие моей страны
ссутулились и ещё глубже втянули головы в плечи,
одни шаг ускорили,
другие замедлили,
но никто не поднял глаз и не улыбнулся.
Люди моей страны
заметили, что наступил вечер и наступила осень,
вошли под крыши, под кровли, под потолки, под арки подворотен,
вошли в подъезды, в коридоры, на лестничные площадки,
в залы, в квартиры, в комнаты…
торопливо налили, звякая горлышками бутылок
о разную посуду,
и выпили, выпили, выпили −
чтоб быть нам здоровыми…
Там, далеко, на Востоке,
в моей, моей, моей стране.

Именно там, в Париже бывали незабываемые встречи с Россией.
М. Розанова, А. Синявский, С. Юрский.

Пачка "Беломора" на столе — мой реквизит для рассказа Василия
Шукшина "Сапожки". Лика Брон, Сергей Юрский, Жорж Нива,
Сергей Аверинцев.
Фото Армана Брона, май 1991, Женева.

МЕЛКАЯ НЕПРИЯТНОСТЬ В БАРСЕЛОНЕ

Не то чтоб я любил ходить по поликлиникам и лежать в больницах, а как-то так получалось, что ходил… и лежал. В какой бы город я ни приезжал, а городов этих были сотни, обязательно заводила судьба к местным эскулапам. И вообще-то очень хочется их воспеть, крикнуть им всем большое человеческое спасибо и каждому сделать подарок. Очень хочется крикнуть: ура, медицина! Хотя…

Я вот сейчас, в данный момент, тоже лежу в больнице. Лежу давно – восемь недель уже. Ноги выше головы, голова ниже всякой критики. И шевелиться нельзя, и читать неохота, и телевизор смотреть надоело. Вспоминать нечего – всё уже вспомнил. И обдумывать нечего, и планы строить бессмысленно. Глядя в потолок, слегка шевеля кистями поднятых вверх рук, я постигаю лукавый двойной смысл глагола "планировать". И лезет в голову одна медицина.

Эх, и полечился же я на своём веку!

Если кто бывал в Барселоне, то непременно знает площадь Сан-Аугустин – пять минут ходьбы от Оперного театра, между улицей Рамбла и центральным рынком. Так вот на этой самой Сан-Аугустин я сподобился снимать кино. Настоящее кино: с хорошими актёрами, с группой, с камерой… с плёнкой – всё как положено. И снимали на Сан-Аугустин сцену с террористом. Через полицию добились, чтоб с площади убрали все посторонние машины. Оцепили площадь — чтоб зеваки не мешали, и работаем. Солнце светит, голуби курлычут, мошки какие-то летают, роятся. Одним словом, Испания.

И вот какая-то мелкая мошка попадает мне в глаз. Потёр, почесал, веко наизнанку вывернул — не помогает. Наша героиня — Леночка Коренева — остреньким глазом взглянула, тоненьким пальчиком попробовала восстановить status quo — не получается. А я ведь и сам играл в этом фильме одну из ролей — знаменитого дирижёра. Мне ведь сегодня в кадре надо быть, а глаз не смотрит, закрывается и весь красный. Как тут снимать? А полиция ждёт, и площадь оцеплена.

— К врачу, — решает директор картины. — И немедленно!

Стучим каблуками по старинным камням узкого дворика какого-то милосердно медицинского учреждения. Медсестра — черноволосая, в белом, белее самой белизны, огромном сложной формы головном уборе, похожем на аэроплан. Переводчик объясняет ситуацию: это русский артист, он в гриме и в игровом костюме. Медсестра ведёт меня по каменным плитам коридора. В холодной комнате со сводами (здесь действительно холодно, а на улице +35° С) она долго моет руки. Пинцетом берёт салфеточку из стеклянной банки и прикладывает к моему глазу.

— Держите, — говорит переводчик, и я держу.

Входит высокая грузная сеньора во всём белом и с марлевой повязкой на лице.

— Доктор! — говорю я. — Извините за беспокойство, но мне попала в глаз мошка, и вот воспаление, это у меня бывает… Обычно мне помогает альбуцид…

Сеньора долго моет руки. Пинцетом снимает салфетку с моего глаза. Не прикасаясь ко мне, разведя руки в стороны, близко придвигает своё лицо, как для поцелуя.

— У вас красный глаз, — переводит её слова переводчик.

Она вводит меня в соседнюю комнату. Там сидят двое в белом — седой в очках и молодая девушка с кокетливой родинкой на верхней губе. Меня укладывают на кушетку. Переводчик уже который раз рассказывает мою историю. Я слышу, как оба врача долго моют руки. Подходят. У девушки в руках некий сосуд. Седой пинцетом хватает салфетку и окунает её в жидкость в сосуде. Жидкость оказывается водой. Мне осторожно смывают грим со лба и со щеки.

— Доктор, — говорю я. — Мне в глаз попала мошка…

Девушка вытирает мне лицо, а старик накрывает глаз салфеткой. А салфетку он держит пинцетом. "Пропала съёмка", — думаю я и закрываю глаза.

Слышу — кто-то входит в комнату. Кто-то моет руки. Кто-то пинцетом снимает салфетку с моего глаза. Носатая пожилая сеньора со втянутыми щеками с ужасом смотрит на мой глаз. А я с ужасом смотрю на неё. Она слишком близко.

– Доктор, – говорю я, – если бы можно было вынуть мошку, которая попала в глаз…

Носатая сеньора пинцетом хватает салфетку в банке и накрывает моё лицо.

– Фамилия, имя, из какого вы города?

Я отвечаю.

– Они говорят, что сейчас придёт доктор, – сообщает переводчик.

Вот как? А кто же они?

– Понятия не имею.

Вся группа зашевелилась и заговорила одновременно. В комнату вошёл небольшого роста человек с усиками и с пробором. Лицо его было сурово, глаза проницательны. Пока он долго мыл руки, носатая сеньора при поддержке остальных доложила ему о проделанной работе. Медсестра с аэропланом на голове вытерла доктору руки. Он держал их, подняв вверх и растопырив пальцы. "Господи, – подумал я, – да он меня оперировать собрался". Доктор медленно, крадучись двинулся ко мне и очень быстро заговорил.

– Он уверен, что в Барселоне вам понравится, – гудел мне в ухо переводчик. – Здесь многие снимают кино. Он видел однажды, как снимали кино. Но это были французы. Французская группа. Это было в парке. Они по много раз повторяли одну и ту же сцену. Он никогда не думал, что надо столько раз повторять одну сцену. Он очень рад, что в России тоже есть кино. Он никогда не видел русского кино. Но теперь он будет искать какой-нибудь русский фильм и, наверное, найдёт. Он знает место, где можно найти разные фильмы. Он уже смотрел один фильм из Марокко. Это был марокканский фильм. Он его посмотрел и теперь будет искать русский фильм.

Вся команда обступила меня. Сеньорита с родинкой подала пинцет, и сеньора с носом осторожно сняла салфетку с моего глаза. Врач отчаянно тряхнул головой, сосредоточился и с величайшей осторожностью большим и указательным пальцами раздвинул мои веки. Глаз заслезился, и я слегка закряхтел. Доктор испуганно отдёрнул руку. Лицо его напряглось, жёстко сложились губы под усиками.

– Он просит вас подойти ближе к лампе, – сказал переводчик.

Я подошёл. Седой и сеньора с носом направили луч настольной лампы прямо мне в лицо. Врач снова напрягся и опять крайне осторожно раздвинул мои веки. Я старался не кряхтеть. Но зато он кряхтел и дышал очень тяжело. Потом отпустил мои веки и решительно отошёл к умывальнику. Я знал, что он моет руки, – я слышал, как потекла вода. Но я не видел этого – грузная сеньора с марлевой повязкой схватила пинцетом салфетку и приложила к моим глазам. Я уже знал, что нужно делать – держать! И я держал.

Вслепую я шагнул на звук журчащей воды.

– Ну, так что вы скажете, доктор?

Доктор вытер насухо руки и произнёс короткую решительную фразу. И переводчик объявил:

– Он говорит – вам надо показаться окулисту!

Вообще-то салфетки помогли. Глаз отдохнул от прямого солнечного света и как-то проморгался. Может быть, слезой и мошку вымыло.

Мы всё-таки снимали в этот день и довольно много успели. Правда, не было времени по много раз повторять одну и ту же сцену. Один-два дубля, не больше.

Я прилетел в Париж 2 января 1991 года около 7 вечера − на целый сезон работать актёром в театре Бобиньи. Часа через три − в 11 вечера − началась первая репетиция. Французско-бельгийская труппа готовила еврейскую пьесу российского автора Семёна Ан-ского "Дибук". Мне была предложена роль чудотворного раввина Азриэля. Предстояло прожить на Западе зиму, весну и вернуться в конце мая. Никогда в жизни я не уезжал из дома так надолго. Я был совершенно один − без переводчика. Впереди была совершенно новая волнующая жизнь.

"А далеко на севере − в Париже -
Быть может, небо тучами покрыто,
Холодный дождь идёт и ветер дует…
А нам какое дело?"

Пушкин. Каменный гость

ВОЗМОЖНОЕ БУДУЩЕЕ ВОСПОМИНАНИЕ О ЕВРОПЕ

Январь. Достать чернил и плакать!
Писать о январе навзрыд.
Пока парижской жизни слякоть
Дерьмом летит из-под копыт.

Февраль. Достать чернил и плакать!
Писать о феврале навзрыд.
Пока, болтаясь здесь, как лапоть,
Вотще ищу, в чём смысл зарыт.

Уж март. Достать чернил и плакать!
Писать о чём-нибудь навзрыд,
Жизнь не разглядывать, а лапать.
А то опять брожу, как лапоть,
Храня первоначальный вид.

Апрель. Достать чернил и плакать!
В слезах готовить свой отъезд…
Присядем и… чего балакать!? –
Париж вовек не надоест.

Проплакать май, уткнувшись в локоть,
О том, что пролетел апрель,
И выдыхать густую копоть
Ушедшего… Париж (?!)… Брюссель(?!)

Июнь. Достать чернил и вылить!
Не говорить и не писать!
Сидеть сычом, верёвку мылить…
Всё улетело в перемать…

Достать! Но не чернил, а мяса!
И раскалить сковороду!
Поесть, запить… и станет ясно:
Живу во сне, живу в бреду!

Фото Нины Аловерт.

Нью-Йорк, 1989 г.
Лева Шехтман — в то время руководитель "Theatre in Action".

ПУШКИНСКИЕ ЯМБЫ

Дома были хороши. Дома Парижа. Сколько ни иди, удаляясь от центра, от островов, – дома хороши. Сверху они плавно закругляются мансардами. Они одеты в камень единой зеленовато-серой гаммы, но ослепительно расцвечены пятнами сангины на жалюзи и тентах. Ставни, трубы, балконы... реклама в простенках... синие, жёлтые, белые мазки... И красное, обязательно красное. Не воспалённый кумач, а другой – ровно-праздничный оттенок – сангина!

Я уже привыкал понемногу играть и общаться только по-французски. Я привыкал к своему явному и тайному одиночеству в несравненном городе. Но в голове всё настойчивее крутились пушкинские ямбы.

I

Итак, я жил тогда в Париже.
Садись поближе, расскажу:
Я из Москвы намылил лыжи,
Представь, хватило куражу,
Хоть слабо знаю по-французски
И кругозор довольно узкий
(притом сказать, в родной стране
давно я числюсь чуть ли не
оракулом и полиглотом),
Но я рискнул и в Новый год,
Откинув вороха забот,
Я смело вышел за ворота.
Прощай страна, прощай Союз,
Прощай жена, я вдаль стремлюсь!

II

Столица мира! Город вкуса!
Ходи и не жалей сапог.
Сперва по милости Исуса
Я жил в отеле Belle Epoque.
Но в силу слабости кармана,
Что выяснилось очень рано,
Переселился — знак свиньи! -
За кольцевую — в Bobigny.
Здесь тоже Франция и тоже
Все по-французски говорят,
Неоном вывески горят,
Но очень много чернокожих.
Я пью вино, ем конфитюр,
Служу в Maison de la Culture,

III

По-нашему — Дворец культуры.
Я по привычке захотел
Свести со всеми шуры-муры,
Не тут-то было! Здесь предел
Общению положен близко.
Всё вежливо, но как-то склизко.
Начнёшь, и сразу — a bientot!
(До скорого!) Не то, не то!
Не то что наши, братец, встречи,

Где, свидясь даже вмимолёт,
Всплакнёшь, расскажешь анекдот,
Где смыслом двойственным отмечен
И взгляд, и вздох — мы всё таим.
Страна рабов — на том стоим!

IV

Остановлюсь. Вопрос не праздный —
Как ты посмел, кто ты такой,
Чтоб этим подражаньем грязным
Тревожить Пушкина покой?
Строфой Онегинской упругой
И этим обращеньем к другу
Без колебаний, без стыда
Ты смеешь пользоваться? — Да!
Нахал! Заткнись! Пригнись пониже!
Остановись и не греши,
Безмолвно на свои гроши
Ликуй по-тихому в Париже!
Сказать по-ихнему — a part —
Ты вытащил счастливый фарт.

V

— Не стоишь ты высокой чести,
Чтоб франками зарплата шла,
Чтобы в кафе платить по двести
Валютных знаков, чтоб не жгла
Ежеминутная забота —
А хватит ли? Чтобы до пота
Весь день не вкалывать, как вол,
Чтоб был готов и дом, и стол.
За что тебе? — Спокойно, друже!
Я не держу краплёных карт.
И для меня парижский март,
Поверь, не лучше и не хуже,
Чем март московский, — как блесна,
Коварно манит нас весна.

VI

Но было сказано поэтом:
"Скучна мне оттепель". И мне
Весной тоскливо. Впрочем, летом

Тоскливо тоже. Как во сне
Проходит жизнь, проходят страны,
А я всё в той же майке драной
С трудом угрюмо против ветра
Бегу свои три километра,
Встречая день. Давай меняться!
Держи, старик, мои страницы
Многочасовых репетиций,
Но только чур не прислоняться
К страницам этим − на зубок
Ты должен выучить урок!

VII

Ты должен слушать по-французски
Распродлиннейшую "parole".
Ты должен выдержать нагрузку
Смертельной скуки. Но изволь
Растягивать в улыбке губы,
И чтобы фраза шла на убыль,
И на "Ça va?" − кричать "Ça va!",
И чтобы ровно шли слова.
Самодовольный, монотонный
Французский стрекот в десять ртов!
Ты это выдержать готов?
Готов играть в театр картонный?
Меняемся! Судьбу мою
Без сожаленья отдаю.

VIII

Меняюсь! На твои надежды,
Твою невинность, слепоту,
На притязания невежды,
На мной забытую мечту
Когда-нибудь подняться в небо,
И в мир, где даже Пушкин не был,
Рвануть в сверкающий Париж!
Изгиб увидеть этих крыш
Серо-зелёной общей гаммы,
Глядящих окнами мансард
На ослепительный азарт
Разнокалиберной рекламы,
И мощный, вопреки годам,
Двурогий остов Notre Dame.

IX

Боюсь банальностей. Однако
Рискну, старик (что нам терять?),
Я буду с тупостью маньяка
Чужие песни повторять:
Идёшь полями Елисея,
Где был столетьями посеян
Себялюбивый гордый дух,
Где от подростков до старух
Себе прекрасно знают цену.
Где каждый вынес свой товар,
И грязный серый тротуар
Весьма напоминает сцену,
И всяк свою играет роль,
И всяк по-своему король!

X

Вернёмся к теме: к часу дня
Автобус номер "сан трант катр"[1]
Обыденно везёт меня
В репетиционный наш театр.
Полно полиции — война!
Печать тревогою полна —
Французские войска в Ираке.
В Париже в ожиданье драки
При входе в каждый магазин
Обыскивают, как в тюряге, —
Ждут бомб. И в этой передряге
Еврейской пьесой поразим
Полуарабский наш район,
Где воздух бунтом напоён?

XI

Где в кровь избили при народе
За непочтительный кивок
Француза-продавца? Где в моде
(то, что представить я не мог!)

---

[1] Сан трант катр — 134 (франц.).

Названья улиц – Ленин, Маркс –
И где для воспитанья масс
Мэрии было по плечу
Поставить доску Ильичу?
....

XII

....
В знакомых формах мчатся дни.
На стенах лозунги взывают -
Помочь строителям трамвая
От Бобиньи до Сен-Дени.

Под шелест западных ветров
Вспомянутся Ильф и Петров.

XIII

....
И в этот скучный понедельник
Простую истину постиг,
Что я, как всякий Sovietique,
По преимуществу бездельник.
Отбросив L'art, La vie, La sceince,
Кладу по сотне раз пасьянс.

XIV – XVII

....

XVIII

Ирония – конёк привычный,
На нём могу и без седла.
Как много мы из жизни вычли,
Хихикая из-за угла,
Смеясь над всем и над собою,
Не дорожа своей судьбою,
Пускали шутки в оборот.
Как корни подрывает крот,
Мы корни строя подрывали.
В года запретов и лишений
Мы важность сделали мишенью,
И сильным мира попадали –
Хоть издали, но сколько раз! –
Плевком не в бровь, а прямо в глаз.

XIX

Здесь — всё серьёзно. Франкофоны
Не чтут насмешек. (Как и слёз!)
Здесь поведения законы
Рекомендуют жить всерьёз.
При этом было б клеветою
Сказать, что люди под пятою
Угрюмости. Наоборот!
Весьма приветливый народ.
И здесь умеют веселиться.
Но в нужном месте, в нужный час
(И вот отличие от нас).
И понимаешь — заграница!
Ложись травою под косьё —
Ты не товарищ — ты monsieur.

XX

И был успех! Кричали "Браво!",
И тридцать (тридцать!) раз подряд
"Дибук" то с блеском, то коряво,
"держал серьёз", как говорят.
Да, был успех. Однако пресса
Не проявила интереса.
Я чуял странный холодок
К спектаклю в театре. Я продрог
На этом ветре равнодушья.
Куда девалась теплота?
Сидели, гладили кота
Там, у меня в Москве. Неужли?..
Да, так и есть — хватило мига,
Чтобы понять — сплелась интрига.

XXI

Кто с кем воюет — не пойму.
Но есть война, и на педали,
Простому моему уму
Непостижимые, — нажали.
И кто-то что-то не простил
Кому-то. Не хватило сил

У непрощёного дать сдачи
И повернуть судьбу иначе.
Короче, мелкая грызня
(по-европейски – вгладь, без мата!)
Пошла такая, что куда там!
А я, за всё себя казня
(ведь здесь и дьявол сломит ногу!),
Ругался вслух и в мать и в Бога.

XXII

Защёлкали быстрее дни.
К концу катилась авантюра.
И как ведётся искони,
Смотрелася миниатюрой
С далёкой точки жизнь моя –
Вот я вознёсся в те края,
Что одиночество нам дарит.
Тоска за месяц на год старит.
Была ли эта жизнь пуста?
Французский знал наполовину,
Играл по вечерам раввина
И пел на языке Христа.
И, хоть Париж не надоест,
Я втайне торопил отъезд.

XXIII

Пуста? Да нет. Я приближался
К решенью важному – мне свет
Какой-то новый открывался.
Я Ветхий прочитал Завет
За строчкой строчку – Пятикнижье.
(Сподобился – живя в Париже!)
Потом под дождь, под небом мглистым
Всех четырёх Евангелистов.
Я сравнивал. Я замечал
Противоречия. В тревоге
Я шёл к началу всех начал,
Впервые думая о Боге.
Но я не чувствовал Начала –
В душе безбожие торчало.

XXIV

И я не мог не замечать,
Что, если в заповедях Слова
Завет — "Люби отца и мать",
Возможно ли, что так сурово
(в Евангелии от Луки
споткнулся я об три строки,
смотри строфу двадцать шестую
главы четырнадцтой), рискуя
Всё опрокинуть — языком
Святым, "КТО НЕ ВОЗНЕНАВИДИТ
ОТЦА И МАТЬ — ХРИСТА ОБИДИТ,
НЕ МОЖЕТ БЫТЬ УЧЕНИКОМ".
От мыслей в жар. И нет опоры.
И нету сна. И утро скоро.

XXV

. . . .

XXVI

Я думаю — всё ближе финиш,
Так надо гордость сохранить.
Судьбу, как видно, не обминешь.
Тянуть, тянуть всё ту же нить,
Хоть спуталась и не с руки
Её распутать узелки?
Или — возвышеннее — надо
Нести свой крест, не ждать награды.
За этот западный сезон
Родной язык, родную сцену
Забыть? Ну, нет! Такую цену
Платить, ей-Богу, не резон.
Остаться не уговорите —
Я только твой, российский зритель.

Начато, написано и не окончено в Париже в квартале Берлиоз, угол бульвара Ленина.

КОМЕДИЯ, ГОСПОДА, ЧИСТАЯ КОМЕДИЯ!

”Интервенция” Льва Славина в постановке Г.И. Полоки. В фильме много фокусов. Один из них — исполнение мною четырех ролей. Они все вместе в кадре и разговаривают друг с другом. Вот они — “Профессор”, “Пижон”, “Дама” и “Офицер”. 1967 г., Одесса.

СЕКРЕТ
(основной инстинкт)

Я думаю, процентов восемьдесят! Да, не меньше! Процентов восемьдесят великой русской литературы вертится вокруг рюмки водки. И всех видов пьянства, похмелья, застолья, алкоголизма, белой горячки, ста граммов, рюмочки, стопочки, бокала, фужера, стакана, рога, фляжки, кружки, бутылки, полбутылки, ящика, вагона, цистерны, ну по маленькой, по первой, по второй, по третьей, ну по последней, и чтоб не в последний раз, за вас, за нас, за тех, кто здесь, за тех, кого нет, за тех, кто ушёл, за тех, кто пришёл, за всех, за всё, за то, что было, за то, что будет, за то, чего не было и быть-то не могло… и не должно.

И восемьдесят процентов всех разговоров: выпил, запил, пропил, перепил, завязал, развязал, налили, разлили, посидели, погудели, смешал, добавил, залакировал, рванул, хватил, принял, помер, зарыли, накрыли, налили, выпил, запил, пропил… и опять всё сначала.

Внесу и я свою скромную лепту. Ну не бороться же в самом деле!? Не проповедовать же уныло, что актёрская профессия − как профессия лётчика − не терпит ну ни грамма, потому что точность большая требуется. Кто услышит, кто поверит?.. Старики знали секрет равновесия… Эва, куда хватил! Старики! Во всех делах, во всех местах знали старики секреты. Да где они, старики?! Нету их. … А я ещё помню…

Жаркий майский день на Карельском перешейке. Редко такая жара тут бывает, редко так густо пахнет сосной. По длинной улице дачного посёлка медленно движемся к станции. Разморило. Не только от жары — от вчерашнего позднего застолья в гостях, от спанья на неудобном чужом диване, от позднего вставанья, от плохого умыванья. Надо собрать себя — уже третий час пополудни. Идём к станции.

Меня окликают. Звучный актёрский басок, уютная пузатая фигура — старый актёр К. Из нашего театра. Он давно на пенсии, но теперь вот опять призвали — играет. Вместе работаем.

— О-о-о!
— О-о-о!
— А-а!
— А-а!
— А я и не знал, что вы тут…
— А вы-то каким ветром?
— Прошу, прошу! Не минуйте. И даму вашу прошу.
— Это не моя дама, это жена вашего соседа.
— Тем более, тем более. Прошу!

Стол на веранде соблазнителен донельзя. Теперь такие столы не накрывают — не получается. Секрет утерян. Богаче — можно, а соблазнитель-ней нельзя. Вкуса не хватает.

— Свекольник! Свекольник обязательно! Ну а перед свекольником даже самый бедный чиновник выпивал рюмочку. Не так ли?

Так, так. Знакомая фраза. Отец мой всегда так говорил — даже самый бедный чиновник… и перед закуской, и перед первым, и перед вторым…

— И перед, и после… а как же… мы с вашим отцом люди одного поколения. Я ведь знал его. Вот за это и выпьем!
— Ах, благодарю, всей душой с вами, но… не могу.
— Ба-а-а! Понимаю… Больны? Что с вами?
— Да нет, нет — я здоров. А только… спектакль.
— Ну-с?
— Нам ведь с вами играть сегодня. И в стихах. (В "Горе от ума" мы оба в это время играли — он Фамусова, я Чацкого.)
— Ну-с?
— Я не могу… водку… перед спектаклем.
— А-а… понимаю. И уважаю! Никогда не принуждаю и в соблазн не ввожу. Если человек непьющий — его святое право. Хотя, по правде сказать, настоящей близости с такими как-то не получается. Больно строги. И к себе, и к другим. На театре этак трудно. Но, впрочем, всякий сам решает. Если уж трезвенник, то…
— Да нет же! Я пью, я нормальный… я как все.
— Ну так — ваше здоровье!

— О Господи... да я перед спектаклем не пью.

— А вообще-то пьёте?

— Пью.

— Фф-у-у! Гора с плеч. А перед спектаклем, значит, ни рюмочки?

— Ни одной.

(Пауза.)

— А когда же вы пьёте? Вы, насколько я знаю, играете раз по 25−28 в месяц. Почти каждый день. Стало быть?

— Ну... стало быть... вечером, после спектакля.

(Пауза.)

Пауз вообще становилось всё больше. Мы как-то переставали понимать друг друга.

— Вечером?.. Это пока разгримируешься, пока до дому доберёшься...

— Да-а... а что поделаешь?

(Пауза.)

— Так вы, стало быть, пьяным спать ложитесь? Не-ги-ги-е-нич-но!

Да, знали старики секреты.

"Золотой теленок" Ильфа и Петрова. Постановка М. Швейцера, 1968 г. Второй визит Бендера к Корейко.

ПРАЗДНИЧНЫЙ ВЕЧЕР
Поэма застойного времени

Валентин Иваныч Прухо
Получил однажды в ухо.

Дело было возле дома.
И кругом полно знакомых,
И при этом Вале Прухо
Очень сильно дали в ухо.

Мы не выпили ни капли,
Мы ещё и не разлили,
Мы в тот день на пьянку напле-
вали и с утра не пили.

Это день открытья съезда
Профсоюза Тяжмашстроя.
Мы стояли у подъезда —
Прухо, Бурцев, я — нас трое.

Подходил Бобцов с собакой,
Подходил Петрович с внуком,
Внук потом почапал с бабкой,
А Петрович в дом — за луком.

Бурцев открывал, а Прухо
Резал плавленый на дольки.
Вдруг глядим — бежит старуха,
Вроде мать Орлова Кольки.

В направленье Дома быта
Жмёт старуха с магазина.
А дорога вся разрыта,
И валяется резина.

Бурцев крикнул: "Спохватилась!
Не споткнись, уже налито!"
Та за шину зацепилась
И откинула копыта.

Ну, мы, ясно, все заржали
(но по-доброму, без злобы).
Тут с ведром старик Гужалин
Вышел, вынесть мусор чтобы.

Прёт по кочкам, рот разиня.
Я кричу: "Очки протри-то!"
Тот споткнулся об резину,
Шмяк! – и в сторону копыта.

Приподнялся кверху задом,
Зад в грязи... и матерится.
Мы смеялись до упаду
(водка аж могла пролиться).

Тут Петрович тащит лук,
А в другой руке кастрюля.
Сзади кандидат наук –
Ихняя невестка Юля.

Луком машет, как кадилом.
Кандидат орёт: "Подлец!
Не для вас я холодила
Двое суток холодец!"

Прухо крикнул: "Студню хоцца!
Без закуски пить не буду!"
А Петрович всё несётся,
Руку вытянув с посудой.

Прухо крикнул: "Жми галопом!
Гля, она тебя добудет!"
Ну а та, как антилопа,
Скачет, тянется к посуде.

"Я, папаша, спал с лица!
Брюхо сводит голодуха!
Кинь, Петрович, холодца!
Помираю!" – шутит Прухо.

Прухо шутит: "Правда наша!
Глянь, учёная, здесь люди!
Он же мужнин твой папаша!"
Юлька в рёв: "Отдайте студень!"

Прухо крикнул: "Ты б разулся!
Кандидат, лишу веснушек!"
Тут Петрович долбанулся
Об резину – и с катушек.

Кандидат наук с налёта
Спотыкается об батю,
Вверх взлетает самолётом,
И – в канаве, как в кровати.

Бурцев так заржал, что рухнул –
Лбом об столб прямой наводкой.
Валентин Иваныч Прухо
Уронил бутылку с водкой.

Ну, доржались! – вот отместка!
В это время подходила
Кандидат наук, невестка,
Зубы, как у крокодила.

Нынче праздник, а не будни.
Влоск была одета Юлька –
Кофта настежь, морда в студне,
А в руке блестит кастрюлька.

Но не с правой, где посуда,
Вале Прухо (с силой пушки)
Со словами "На, паскуда!" –
С левой – жжах! – по черепушке.

Это был эффект громадный!
Смирно, гвардии старшины!
Прухо стартовал с парадной,
Приземлился возле шины.

Юлька в дом прямой походкой,
Кинув Прухе: "Ну, покеда!"
Вот стою я в луже водки,
Намокают полукеды.

"Шайбу!" – крикнули с окошка.
Вечерело помаленьку.
Издаля неслась гармошка,
Там играли летку-еньку.

Мы Петровича собрали.
Наскребли – и взяли пива.
Побалдели... трали-вали...
В общем, кончилось красиво.

Ну, на Прухе эта малость
Зажила, как на скоте,
А невестка, оказалось,
Занималась карате.

30 декабря 1982 г., Внуково

ПЕРЕМЕНЫ

Был даден Додин
Был силен Силин
Был моден Модин
Дороден Родин

Был волен Волин
Был славен Славин
Был ясен Ясин
Прекрасен Красин

Но разен Разин
Но смутен Мутин
Но спорен Сорин
Покорен Корин

Хоть нежен Нежин
Хоть важен Вежин
Обслужен Лужин
Печален Чалин

Стал жирен Жирин
Стал тучен Тучин
Стал страшен Страшин
Огромен Громин

Стал грозен Розин
Стал смраден Радин
Стал грешен Гришин
Позорен Зорин

Был спрошен Прошин
Был предан Продан
Засужен Лужин
Раскрошен Крошин

Повержен Вержин
Задержан Держин
Замучен Мучин
Посажен Сажин...

Продолжайте сами по материалам жизни,
этот ритм от вас уже не отвяжется.

Фото Ю. Роста.

Желание пророчествовать и руководить — как же оно впаялось в нас! Фома Опискин — не исключение, а общая для людей черта характера. "Фома Опискин" в театре Моссовета. 1995 г. Постановка П. Хомского.

В РИТМЕ РУЗСКОГО ВАЛЬСА

Это началось, когда дочке Даше было четыре года, а потом превратилось в традицию. Перед Новым годом сочинялись гадания, колядки и песня — предсказание на будущий год. Даша исполняла роль Судьбы и вытаскивала бумажки с гаданиями из шляпы, а потом вместе со мной исполняла запев новогодней песни. Припев все подхватывали хором. Встречали праздник обычно в одной и той же компании. Несколько лет подряд выезжали за город — в актёрский Дом творчества в Рузе. Весело катались на лыжах. Весело готовили еду, весело накрывали стол. А потом старались веселиться до утра. Но веселью мешали два обстоятельства — вечный излишек водки и всё-таки… печальный, тоскливый фон нашей жизни.

Наступающий 86-й год был годом Тигра, и ещё ожидалось сближение с кометой Галлея. Об этом много писали и много говорили.

РУЗСКИЙ ВАЛЬС
(сперва долго ум-па-па, ум-па-па...)

А то, что порою накатит слеза,
А то, что частенько тоскуем, частенько болеем,
Всё это, ребята, поверьте мне, только из-за
Кометы Галлея.

Ржавеет оружие нашей души,
Но всё же оно не совсем ещё ржаво.
Садись, помолчи, никуда не спеши.
Привычный набор — вальс, коньяк, Окуджава.

Не дать сантиментам прорваться в сегодняшний день.
Не время гитарной тоски и коньячного духа.
Ведь ныне так ловко, так длинно наводится тень на плетень,
Что слушаешь жадно, а после спокойно, а после вполуха.

А то, что порою накатит слеза,
А то, что живёшь, ощущая себя
        то обманщиком, то дуралеем,
Всё это, ребята, поверьте мне, только из-за
Кометы Галлея.

Она нам приветливо машет хвостом.
Она уже близко — всего сто один миллион километров.
Она-то и портит нам жизнь. Но под песнь новогоднего ветра
Мы всё-таки выпьем — не думать, не думать о том, что потом.

БЫКА не ругай — он не плох был, клянусь! — не греши.
Но вот он уходит. Давай же с надеждою встретимся с ТИГРОМ.
Наверное знаю — весь год будут хитрые игры.
Лишь в самом конце — в листопад — проясненье души.

А если порою накатит слеза,
А если мы вдруг затоскуем и вдруг...
        постареем,
Всё это, ребята, поверьте мне, только из-за
Кометы Галлея.

Через 10 лет пелось иначе.
Песня на 1995 г.

РУССКАЯ КАДРИЛЬ

Чего желали, всё сбылось,
О чём мечтали — всё случилось.
Ну, что ещё, скажи на милость?
И руки врозь, и всё, хоть брось.

Кому успех, кому разор,
Кому высокая награда.
Кому вода, кому ликёр,
Кому вино из винограда.

Стоим на крае полыньи.
Куда девалася дорога?
Ну, подождём ещё немного —
Вот наступает год Свиньи.

Кому гульба, кому борьба,
Кому покой, кому тревога.
Кому медаль, кому печаль,
Кому далёкая дорога.

На всех не хватит никогда
Ни славы, ни благополучья.
Но каждый всё же в дар получит
Свои прошедшие года.

Кому любовь, кому отказ,
Кому любви уже не надо.
Кому Москва, кому Кавказ,
Кому далёкая Канада.

Иногда на Новый год вытаскивали и такое.

***

Как говорил писатель Фриш,
У каждой жизни есть свой шифр.
Поэтому возьми свой шарф
И обмакни в говяжий фарш.
Потом откушай рыбу фиш
И смело пей на брудершафт.
Пуская волна стучит о шельф —
Всё остальное просто фальшь.

***

Чёрт за дверью сторожит —
К правде двери узкие.
Вам, голубчик, путь лежит
В Новые и в Русские!

***

Раскуйся! Плюнь на все запреты!
Пей водку каждый вечер ты —
Со своего автопортрета
Сотри случайные черты!

***

Как говорил старик Вольтер —
Пускайтесь смело в адюльтер.
Как сообщил нам Беранже —
Довольно киснуть в парандже.
Как говорил старик Платон,
Гадать — полнейший моветон.
Пройдёт зима, настанет лето,
Долой парад авторитетов!

Фото Нины Аловерт(США).

”Мольер” М. Булгакова, 1973 г.   БДТ им. Горького, Ленинград.
4-й акт. Я всегда был счастлив, играя эту роль. А спектакль мой
прош`ёл 107 раз.

***

Кого в Гонконг уносит "Боинг",
Кого троллейбус мчит в Фили.
Вон тот здоров, а этот болен,
У этих студень пересолен,
У тех сгорели корабли.
Всё есть, как есть! − Но лишь до срока!
Жди перемен в своей судьбе!
Был чист − узнаешь власть порока!
Был тих − услышишь голос рока!
Покой суть бой! И А суть Б!

РИТМЫ

ДЕВЯНОСТЫХ

Фото Т. Гриба.

Я очнулся в другой стране, в другом возрасте, среди абсолютно изменившихся людей. Депрессия миновала. Я заново входил в мир, и мы с удивлением смотрели друг на друга.

Наступал новый — 1990-й год. В канун его я ехал на электричке в Рузу. День был роскошный. Светлый, морозный. Вонючая электричка катилась через чистые белые пространства. Я вышел в тамбур. Покурить. Стекло в двери было разбито. Сильно дуло, но воздух был такой свежий, что уходить отсюда не хотелось. В тамбуре стоял ещё какой-то замызганный старик. Плохо одетый, пьяноватый. Тоже курил. Но как-то согбенно, слюняво. Я пожалел его про себя. Я подумал о том, что я еду в хорошую компанию, что я сейчас пойду в тёплую комнату, где стоит большой стол, а на нём вкусные закуски. Я не стану никого дожидаться. Я выпью пару рюмок водки и почитаю газету. А может быть, лягу поспать часик, чтобы свежее быть к полуночи. Я подумал о том, что я ещё не стар. Что я бегаю по утрам, а зимой хожу на лыжах. А этот старик... ох, как он кашляет! Вот что интересно — как он сам оценивает своё положение? Куда он едет? Что он думает про себя и про меня? Старик выбросил окурок в разбитое окно и засунул замёрзшие руки в карманы брюк. Покачиваясь на тряском полу, он поглядывал на меня исподлобья. Мы встретились взглядами, и он двинулся ко мне. Хриплым, прокуренным старческим голосом он сказал:

— Отец, дай закурить, мои кончились.

Я ахнул, и всё перевернулось вокруг. Какой я ему отец?! Кому? Ему? А если я ему в отцы гожусь, то как же я выгляжу на самом деле, а не в своём воображении?

Несмотря на открытия такого рода, 90-е годы для меня самые творческие и самые весёлые после победных для нашего поколения 60-х. Самым важным, я думаю, стало создание идеи "Артели артистов". Под это знамя собрались прекрасные актёры: Филатов, Калягин, Невинный, Хазанов... и Тенякова... и незабвенный удивительный Евстигнеев. И мы сделали на сцене МХАТа гоголевских "Игроков". А ещё мы сделали с Теняковой великую пьесу Ионеско "Стулья". Я много гастролировал со спектаклями и с концертами − делал по 100 000 километров каждый год.

Болезнь поймала меня на лету − между концертами в Сургуте и спектаклем в Киеве. Движение замерло. За три месяца двести метров по палате − до туалета и обратно. Я больше не строю дальних планов. Я снова медленно вплываю в жизнь.

Перемены видны. Можно отметить, что фасады зданий очистились и похорошели. Нельзя не заметить, что люди деформировались. Одни от возраста, другие от несвойственных им функций, которые они на себя взвалили. Очень изменился язык. Довольно трудно понять, что говорят и что пишут. Но самое главное: говорят и пишут довольно много, но почти совсем не слушают и не читают. Да и мне самому − замечаю − лень, лень куда-то идти, что-то смотреть. Всё через усилие. Но странно − уныния, с которым прожил столько лет, нету. Испарилось. Сам спрашиваю и сам отвечаю:

− Перемены есть? − Так точно, есть!

− К лучшему или к худшему? − К лучшему!

− Здоровье? − Довольно поганое.

− Дружеские связи? − Все растерял.

− Общественная деятельность? − На нуле.

− Как со зрителями? − Стало сложнее.

− Романы, флирт? − Затрудняюсь ответить.

− Степень свободы? − Вторая мнимая. Что хочу, то и делаю: хочу смотрю ТВ, а хочу − выключу.

− Перспективы? − Весьма смутные.

− Так перемены есть? − Так точно, есть!

− К лучшему или к худшему? − К лучшему.

− А почему же к лучшему? Чего хорошего-то? − А чёрт его знает. Но почему-то к лучшему. Ощущение какое-то неплохое. Ничего не могу с этим поделать.

− Видишь, как все победители этого забега нашей жизни напялили смокинги, явились торжественно всему населению и при всей важности стали похожи на толпу официантов? − Вижу.

− Ну и как? − Смешно.

– Не видишь разве, как отбросило на обочину многих из тех, кого ты ценил и уважал? – Вижу.

– Ну и как? – Горько.

– Не помнишь, сколько близких и дорогих ушло навсегда? – Помню.

– Ну и как? – ... Помню.

– Да ты любишь ли кого-нибудь? – Да.

– Кого? – Те, кого люблю, это знают.

– Какие планы? – Я их больше не строю.

– А здоровье? – Здоровье поганое.

– А настроение? – А настроение хорошее.

Человек имеет право быть непохожим на других. Иван Сергеевич Груздев — сериал "Место встречи изменить нельзя". Режиссер Ст. Говорухин. 1980 г. Кадр из фильма.

Еще недавно — уже давно. Тбилиси. 100 лет театру имени Руставели. И я, и Юрий Любимов — гости. А несравненный Рамаз Чхиквадзе хозяин на этом празднике.

ПЕТЕРБУРГСКИЙ НАТЮРМОРТ СО СЛЕПЫМ

В совершенно пустом кассовом зале
слепой
требовательно стучит палкой по мраморному полу.
Очень светло в этом зале без окон.
Светятся неоновые трубки, потолок и плоскости стен.
Ярко горят полупонятные зовы реклам:
"Фирма КОНТАКТ" – товары из Швеции, Швейцарии, Шри-Ланка.
"За рубли на Кипр через Финляндию!"
«Машины "Лада" за СКВ»
"Квартиры в NEW YORKе за рубли!"
Слепой кричит в пустоту:
"Мне нужен на Бобруйск купейный!
Где на Бобруйск?"
В этом зале кассы №№ 36 тире 84.
За стёклами – за каждым – по кассирше.
Стриженые сонные блондинки
глядят из-за стёкол в пустой зал и молчат –
с 15 марта устная справка рубль пятьдесят.
Чего кричит слепой?
К кому обращается конкретно, кому заплатит рубль пятьдесят?
"Где Бобруйск?" – кричит он.
Неопределённо – он просто кричит или спрашивает?
К какому именно окну (36 тире 84) он обращается?
Он один в мраморном зале,
слишком дорогие билеты – людей не стало.
Только кассирши ровно в восемь
дружно открывают окошки.
Все на местах – работу теперь ценят.
"На Бобруйск! Где Бобруйск?" – стук, стук палкой по мрамору.
Вправо, влево.
Очень тихо и очень светло
в огромном зале
в Санкт-Петербурге
в конце
века.

9 МАЯ

этот день Победы,
порохом пропах...

...это Гусев
    со слезами на глазах,
И Бакулин
    он узбек или казах.
Это Чагин
    с макаронами в руках.
Вот Корчагин —
    он контужен, он испытывает страх.

А это Коган
    с папироскою у рта,
он расстроган
    и уже хмелён с утра.
Это Вервин,
    дрессирующий кота, —
очень нервен
    Коля Вервин. А кто глядит из-за куста?

А там Максимов
    с металлической ногой.
С ним Полунин
    с полубритой головой.
Это Васин,
    сторожащий магазин.
Это Глебов Афанасий,
    на спор пьющий керосин.

А вот Голынский,
    ночью бьющий фонари.
Вот Матвеев,
    вызывающий 03.
Это Клейнер —
    он посмешище для всех.
Это Гурьев, это Столпер,
    Это Глеб Васильич Лех.

А это Зина –
    у неё полиартрит.
Вот корзина
    в баке с мусором горит.
Это флаги
    отливают кумачом.
Вот Калягин
    пьёт из фляги,
Бьёт орехи кирпичом...

Эти люди
    гордость нашего двора,
Из орудий
    в вашу честь палить пора.
Это деды
    нашей славной детворы.
Это в день Победы, в день Победы
    разукрашены дворы.

Вот это Гусев
    со слезами на глазах...

Песня повторяется с самого начала.

Симон Маркиш жил когда-то в Москве во 2-м Тружениковом переулке возле Плющихи. В кругах молодой интеллигенции он был человеком заметным и даже знаменитым. Ещё бы: переводчик Плутарха, Эдгара По, Фолкнера. Автор книги об Эразме Роттердамском, статей в "Новом мире".

Мы дружили, и этому не мешало то, что жили мы в разных городах. Не помешала даже его эмиграция. Он стал профессором Женевского университета. Когда меня стали "выпускать", Симон встречал меня во всех городах Запада, куда я выезжал. Теперь я ехал к нему в Женеву отметить 37-летие нашей дружбы.

Через год после смерти И. А. Бродского в США вышла его последняя книга — "Пейзаж с наводнением". Я читал ее (как всегда Бродского) с изумлением и восторгом. Был поражён, увидев посвященное мне большое стихотворение под названием "Театральное". Я вспомнил: в нашу последнюю встречу — в Женеве — он походя сказал об этом. Я думал — шутит или что-то путает. И вот пришел вдруг этот привет с Того Света.

Мы с ним виделись за тридцать лет знакомства не более пяти раз. И все же я чувствую, что моя жизнь пронизана — связана этими встречами.

Несомненно, Иосиф Бродский был самым гениальным из всех людей, которых встретил я в жизни. Его дар не знал ни усталости, ни затуханий.

Кстати, сам И. А. печатно назвал гениальным Симона Маркиша, на кухне которого мы и сфотографировались в Женеве в Старый Новый 95-й год.

Старый Новый год. 13 января 1995 г.
В квартире С. Маркиша. С. Маркиш, И. Бродский, С. Юрский, Ж.-Ф. Жаккар.

ТРИ СТИХОТВОРЕНИЯ СИМОНУ МАРКИШУ

Поезд Париж – Женева

В этот поезд, где в вагоне
Не задерживался дым,
Где не слышен шум погони,
Я попал уже седым.

В эти страны Парадиза
С этим счастье даровым,
Где весь мир открыт без визы,
Я попал ещё живым.

В это утро, в этот запах,
В эти чистые леса
Я приехал не на Запад,
Я под небо поднялся.

Почему так долго длится
Этот праздничный почин?
Почему на этих лицах
Не оставили морщин

Ни заботы, ни утраты,
Ни усталость, ни года –
Розовые, как ребяты,
Эти дамы-господа.

Хоть и стар, а вроде молод –
Зубы блещут новизной.
Здесь и холод – как не холод,
Здесь и зной – как бы не зной.

Но сильней мой горький опыт –
Как чужой на всё гляжу.
Ах, Россия-недотёпа,
Я тебе принадлежу.

Это просто ветер шалый
В мир совсем чужих кровей
Перенёс, как лёгкий шарик,
Всю печаль души моей.

В этот мир, где столько света,
Где, над правдой воспаря,
И зимою тоже лето,
Я попал, как видно, зря.

Уезжая из Женевы

Как мастер сработал скрипку,
Где нет ни одной скрепки,
Где на благородном клее,
Который сродни елею,
Все части срощены крепко,

Так я бы хотел кратко
И по возможности кротко
Проститься с тобой, брат мой, –
Я ухожу обратно.
На голове моей кепка,

Что ты подарил. Лодка
Скоро отчалит. Водки
Выпьем ещё – как в песне,
Много прошли мы вместе,
Нынче же чувствую – баста!

В разных мирах жить нам.
Вот подошла жатва –
Наш урожай скудный
Жертвой на День Судный
Врозь понесём. Часто

Вспомню тебя, только
Я не нашёл толка
В этом Раю – Штаты,
Франция, или что там?
Я ухожу обратно.

Время бежит шибко.
Ты сохрани шапку,
Что я подарил, – шутка,
Конечно, была... Жутко
Мне без тебя – много
Вместе прошли. С Богом!

Давай поцелуемся трижды.
Слезой проблеснёт надежда.
Сворачивает дорога.
Ты только держись, ради Бога!
Ну, вот и простились, брат мой.

А это послано уже письмом из Москвы

Прощаясь с Парижем

Я никого здесь не оставил,
И ничего здесь не забыл.
Я просто прибыл, убыл, был.
Запомню хлопающий ставень
Среди ночи. Пустой мой дом.
Мы делали с успехом дело,
Был быт удобен. Надоело,
И вряд ли вспомнится потом.

Мне жаль вас. Холодность сердец,
Житьё без смеха и печали –
Так показалось мне вначале
И подтвердилось под конец.
Неволю с волей перепутав,
Спеша в Москву, скажу всерьёз:
Встречаю весело, без слёз
Последнее в Париже утро.

Май 1991 г.

Приз за "Стулья". Санкт-Петербург, 25 апреля 1996 г.

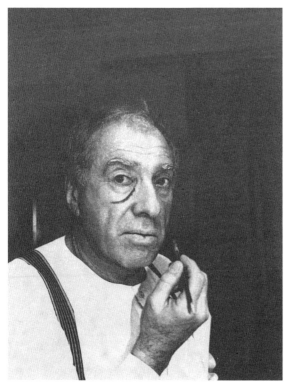

Театр "Школа современной пьесы", 1995 г. Грим к спектаклю "Стулья" Э.Ионеско. Линия грима заимствована из рисунков П.Филонова.

Счастливые дни перед премьерой гоголевских "Игроков". Зал МХАТа. А. Калягин, Л. Филатов, С. Юрский, Е. Евстегнеев. Январь 1992 г.

В театре де ла Вилль в Париже мы репетировали вечер Гидона Кремера. Свои тексты и ноты втолковывает мне композитор Мендельсон (не тот, который "Марш Мендельсона", а однофамилец).

Зимой 1993 г. я играл в Брюсселе в Национальном театре в спектакле "Les Amants Puerils"

В такую ночь писать стихи
И славословить мир подлунный,
Но из главы моей чугунной
Ничто нейдёт, окроме чепухи.

***

Бессонница, подруга вдохновенья,
Наматывай мне нервы на колки,
Тяни, не больно – это пустяки,
Костёр мой гаснет – подложи поленья.

"Я пью один. Вотще воображенье"...
Что, Пушкин, брат, опять твоя рука?
Я пью один, печаль моя легка.
Брюссель и ночь, и головокруженье.

В ночь на субботу вновь проснулась боль.
Ведь если ты не спишь, и ей не спится.
Друзья, друзья! Вдали мелькают лица.
Я пью один в отеле "Метрополь."

Благодаренье Богу, я не бросил
Актёрское родное ремесло –
Полуизгнанник... полуповезло –
В чужом Брюсселе трачу жизни осень.

Я скоро здесь привыкну и тогда
Художником свободным... и ненужным
Не захочу к пустыням нашим вьюжным,
Где коркой льда покрыты провода

И где столбы скосились влево, вправо –
Не захочу вернуться. Опущусь
На дно Европы, к нищим приобщусь,
И мой чужой язык, такой корявый

Отгородит от мыслей и тоски,
Былых друзей и от всего былого.
Бог мой! Я позабуду это слово –
Былое. Сердце рвётся на куски.

"Незрелые любовники" Ф. Кромелинка. Национальный театр, Брюссель, 1993 г. Барон Казу — С. Юрский, Зульма — Афра Валдхор (справа), Фиделина — Хильда ван Мейгем.

Москва, МХАТ. Мы втроем семейно играем пьесу Ингмара Бергмана "После репетиции". Сложнее пьесы мне играть не доводилось. Даше — 23 года.
Наталья Тенякова в роли Ракель. Дарья Юрская в роли Анны. Сергей Юрский в роли режиссера Фоглера Постановка Вяч. Долгачева.

Фото И. Александрова.

PORTE DE CLIGNIANCOUR

Земля заканчивается в Париже
Точно так же, как и в Сургуте —
Небо не дальше там и не ближе,
И долог путь от тумана до сути.

Бомжи за два года стали наглее.
В метро усилился запах мочи.
Пейзаж туповат, как погоны старлея.
Окраине зябко в апрельской ночи.

1 апреля 1996 г., Париж

Мы с Маркишем несколько дней гостили в старом двухэтажном доме на узкой — метра два — улице возле ворот Клиньянкур. Это северная окраина города.

Фото Е. Эткинда.
Париж, 1992 г. У Ефима Эткинда.

Фото М. Неймарка.
Я никогда не увлекался модой, даже самой высокой. Она мне не идет. Или я не иду ей, что видно на снимке. Брюссель, март 1996 г.

РЕЙС МОСКВА – NEW YORK

Говорят, что стыдно писать в рифму.
Говорят, что пора создавать фирму.
Что ли мир закрутить волчком?
Иль в сторонку, в сторонку бочком?

Всё более свободные люди
во всё более дальние дали
летят в одиночку и целыми компаниями
самолётами самых разных компаний.
Мы – граждане высвобождающейся страны третьего мира –
летаем во второй мир,
а иногда
и в первый!
Жж-жж-у-у! Пересекаем Атлантику.

За окошком не меркнет свет.
Третий раз принесли обед.
А выпито, выпито сколь!
На десятом часу – в блёв.
В кофе просыпана соль.
Рёв турбин, рёв турбин, рёв.

Агу! – На другом континенте!
Время уже монреально.

Пришли недобрые молодые няни –
"С мест не вставать! Привязаться ремнями!"

Прощально и напоследок
туалетная хлопнула дверца.

Снижаемся – жж-жж-у! А всё же...
Не бурно, без взбрыка, а так – полулёжа,
прикрывши глаза, без особой надёжи –
серенькой мышкой нью-йоркнуло сердце.

За год налётываю тысяч сорок –
целый экватор! Другие больше
(мотыльки, например, вокруг ночного фонаря).
Подумайте только – сорок тысяч!
Так что, совсем уж откровенно говоря,
всех нас, путешествующих ночами и днями,
надо бы не привязывать ремнями,
а этими ремнями высечь.

***

Турки парами не ходят,
Турки ходят в одиночку,
Или длинною цепочкой,
Или по трое гуськом.
Здесь у турок нынче в моде
Продавать штаны, сорочки,
Резать дыни на кусочки,
Отгоняя насеком-
ых. Уставлен лежаками
Пляж у моря и бассейна.
Занавескою кисейной
прикрывая наготу,
я гляжу на серый камень
местных гор.
Мой взор рассеян.
Наслаждайтесь, братцы, сами,
Больше мне невмоготу.

Анталия, 1995 г.

АНТАЛИЯ

Когда я проснулся, верблюдов уже увели.
Турецкие пляски заглохли, лишь мерно и глухо
Всё бухал вдали барабан.
Нашу бухту покинули все корабли,
На горы натянут туман,
И не ловит шумов осторожное ухо.

Когда я поплыл, в абсолютно спокойной воде
Дрожа отражались далёкого берега светы.
Я, плеском своим нарушая морской беспредел,
Шестого десятка закончил роскошное скучное лето.

Когда я прошёл мимо кактусов, пальм и агав,
Когда я расслышал, как громко трещали цикады,
Я тихо завыл, как собака,
И, мокро-солёную голову к небу задрав,
Сто раз прошептал: ну, не надо, не надо, не надо.

***

Н. Т.

> И дольше века длится день,
> И не кончается объятье.
>   Б. Пастернак

И вправду кажется, что дольше века
наш длится день. Подумать, как давно
я вышел после нашей первой ночи
в асфальтовое море на Светлане[1],
я обернулся, голову задрал, увидел –
ты явилась на балконе
в рубашке белой длинной. Странный танец
исполнила ты там, на высоте:
летали руки, быстрые пробежки
на маленьком бетонном пятачке
казались лёгким радостным круженьем,
а голова была закинута – вот так
прощалась ты со мной и с этой ночью.

Аккомпанировала танцу тишина,
гуленье голубей
и первого автобуса урчанье.

Тогда сказал я сам себе, что не забуду,
что бы ни случилось, я этот танец,
полный доброты,
прощанья, и прощенья, и призыва.

Вот век прошёл (да, кажется, что век!),
мы многое с тобой перешагнули,
немало создали, так много потеряли
и сами начали теряться в этом мире.
Я забываю имена и адреса,
и лица, и сюжеты прежних пьес,
по многу сотен раз мной сыгранных,
я забываю даже,
зачем я начал этот путь,
чего желал, чем клялся, с кем дружил
забыл, забыл...

---
[1]Светлана – район Ленинграда.

но на суде,
на Страшном, на последнем,
когда мне скажут – ну, а что ты можешь
сказать в свою защиту? – я отвечу:
Я знаете ли, многим грешен, но…
(вам это, может быть, неважно, непонятно…)
я, знаете ли, я не позабыл
и никогда не забывал, как та,
что стала в будущем моей женой,
и родила мне дочь, и прожила со мной
всю грусть и прелесть этой быстрой жизни,
так вот – я не забыл, как ранним утром
она в пустынном городе – лишь мне –
рукой махала
и танцевала радость на балконе.

Алма-Ата, 1970 г. Мы тогда работали над "Фиестой" Хемингуэя.

"Фантазии Фарятьева" А. Соколовой. Теняковой в этой роли признавали все. Меня как режиссера многие ругали. Но я думаю, что это моя лучшая постановка.

БДТ, 1976 г. С. Юрский — Павел Фарятьев, Н. Тенякова — Александра.

Общедоступность не имеет ничего общего с масс-культурой. Первое возвышает. Второе — принижает. Убежден, что Ионеско — это не элитарная игра ума, а театр для людей. Горжусь, что мы играли его пьесу более 120-ти раз в больших залах в 23-х городах мира.

Она и Он. "Стулья" Э.Ионеско. Премьера 12 февраля 1994 г. Театр "Школа современной пьесы". Н.Тенякова и С.Юрский.

СОДЕРЖАНИЕ

Пролог 5

РИТМЫ МОЛОДОСТИ

До́ма 9
Пейзаж 10
"Глаза закрой…" 11
"Идём бесконечной аллеей…" 12
"Мне странно…" 13
"Ваше платье бессильно повисло на стуле…" 14
"Помню вечер до мелочей…" 15
Ночью 16
Гостиница "Армения" 17
В ожидании звонка, которого не было 18
Конец романа 19
"Сумерки, сумерки…" 22
"Дело во времени, только во времени…" 23
Кинопроба 24
"Ругали меня, не ругали…" 25
"Полусвист, полурассвет" 26

РИТМЫ ДОРОГИ

"Сейчас я удивляюсь…" 29
Дальнее следование 30
В Пушкинские Горы 32
"Красная стрела" 33
Сюжет 34
"Комары, комары, перепутанный лес…" 36
Кемерово 37
Металлическая баллада 38
Бред № 3 39
"Ин, Ина́, вы все-таки ведетта…" 40
"Солнце заходит. Длинные тени…" 41
"Юг, юг…" 42
Керчь 43
Лейпциг 45

МЕЛОДИИ ПЕСЕНОК

"Где вы все, друзья-подруги…" 49
Всё голубое 50

Ночное 51

Мрачная песенка 52

Любань 53

Восемь строк 54

"Всё остаётся позади..." 55

 "Во время фильма многие выходили из зала..." 56

8 1/2 (Письмо Товстоногову) 57

РИТМЫ ОТЧАЯНИЯ

"Я думал, что он стукач... " 61

"Глаза погасила, заострила плечи..." 64

"я умираю..." 66

"Хорошо улетать одиноко..." 67

"я так распоряжусь моим достатком..." 69

Утро 70

"Прощаюсь, прощаю, прощенья прошу..." 73

"в этой унылой компании..." 74

"82-й год был для меня одним из пиков активности..." .75

"Дорога, что катилась подо мною еще вчера..." 76

Прибалтика 80

Подражание в восточном вкусе 82

Без названия ("Всё начнётся потом...") 83

КАСПИЙСКИЙ БЕРЕГ

"Почти 10 лет я был невыездным..." 87

"Баку мой небритый..." 89

"Воспоминанье: хлипкая сторожка..." 90

"Арбуз и красен, и мясист..." 91

"Душа полна, не надо новостей..." 92

Ночной звонок 93

"Опять весна. Я всё шатаюсь..." 94

Два мотива (Восточные частушки) 95

Разговоры (Бакинский праздничный вечер) 99

РИТМЫ ЧУЖБИНЫ

"Ну, представьте, если сможете..." 103

Конференция в Милане 105

"Здесь, в Милане..." 106

Мелкая неприятность в Барселоне 111

 "Я прилетел в Париж..." 115

Возможное будущее воспоминание о Европе 116

Пушкинские ямбы ("Дома были хороши...") 118

КОМЕДИЯ, ГОСПОДА, ЧИСТАЯ КОМЕДИЯ!

Секрет (основной инстинкт) 129
Праздничный вечер (поэма застойного времени) 133
Перемены 137
В ритме рузского вальса 139
Рузский вальс 140
Русская кадриль (песня на 1995 г.) 141
"Как говорил писатель Фриш..." 142
"Кого в Гонконг уносит "Боинг" 144

РИТМЫ ДЕВЯНОСТЫХ

"Я очнулся в другой стране..." 147
Петербургский натюрморт со слепым 151
9 мая 152
"Симон Маркиш жил когда-то в Москве..." 154
Три стихотворения Симону Маркишу 156
"Бессонница, подруга вдохновенья..." 161
Porte de Cligniancour 163
Рейс Москва – New York 165
"Турки парами не ходят..." 166
Анталия 167
"И вправду кажется, что дольше века..." 168

Сергей ЮРСКИЙ
ЖЕСТ

Стихи, стихи и немного прозы

Ответственный редактор
О. Кольцова
Корректор Н. Маркелова

Налоговая льгота — общероссийский классификатор продукции ОК-005-93, том 2;
953000 — книги, брошюры

ЛР № 070991 от 08.04.93. Сдано в набор 08.03.97 г. Подписано в печать 10.03.97 г. Формат
70×108/16. Бумага офсетная. Печать офсетная. Усл. печ. л. 15,4. Уч.-изд. л. 11.
Тираж 20 000 (1-й завод — 10 000) экз. Заказ № 4778

Издательство "Полина", 2009, Вильнюс, Шевченкос, 19.
Издательство "Полина М", 107066, Москва, Ольховский туп., 17а.

Отпечатано с диапозитивов издательства в АООТ «Тверской полиграфический комбинат»
170024, г. Тверь, проспект Ленина, 5